Günter Ramsauer

Das Insel-Alben-Buch

100 Highlights der Pop-Musik-Kultur 1961-2002

Manuskript-Prüfung: Hans Schneider, Martin Feucht, Beate Albeck
Autoren-Foto: Florian Albeck
Umschlaggestaltung: Dimitrios Hatziathanasiadis, ***ibidem***-Verlag

Günter Ramsauer

DAS INSEL-ALBEN-BUCH

100 Highlights der Pop-Musik-Kultur 1961-2002

Stuttgart 2004

Edition Noëma

Bibliografische Information Der Deutschen Bibliothek

Die Deutsche Bibliothek verzeichnet diese Publikation in der Deutschen Nationalbibliografie; detaillierte bibliografische Daten sind im Internet über <http://dnb.ddb.de> abrufbar.

∞

Gedruckt auf alterungsbeständigem, säurefreien Papier
Printed on acid-free paper

ISBN: 3-89821-424-9

Edition Noëma

Stuttgart 2004

Printed in Germany

Für Beate, sie ist meine Insel!

DANKSAGUNG

Für Hilfen, die direkt oder indirekt zum Gelingen dieses Buchs beigetragen haben, danke ich folgenden Personen:

Hans-Peter Leuze, Gertrud Schneider, Hans „DJ Jumpin' Jack" Schneider, Dimitrios Hatziathanasiadis, Martin Feucht, Tilmann Seidel, Oliver Laforsch, Florian Albeck, Alex Belser, dem ***ibidem***-Verlag (insbesondere Valerie Lange) und last but really not least Beate Albeck.

Ein Hallo, Servus und Grüß Gott geht an: Hildegard und Florian Ramsauer, alle Albecks in Neustadt-Hohenacker, Martina Weiss, Bernhard Rosa, Heidrun Schenk, Oliver Paul, Jürgen Rieger, Achim Pfeiffer, Lea und Susanne Schüberl, Christian Müller.

INHALT:

DAVOR (RULES, FOOLS & ERKLÄRUNGEN)

Nicht nur eingefleischte Tonträgersammler wissen um das Insel-Spiel. Die Gretchen-Frage ist einfach zu stellen: Welches Album würdest du mit auf die einsame Insel nehmen? Doch die Antwort lässt auf sich warten. Jenen mit den großen Sammlungen scheint sie besonders schwer zu fallen. Die Hände über den Kopf zusammengeschlagen starrt dich dein Gegenüber an, als würdest du ihm die Pistole auf die Brust setzen. Wer hält hier wen zum Narren? Also immer locker bleiben, versuch's als Spiel zu verkaufen: welches Album würdest du in Deiner jetzigen Stimmung mitnehmen, du kannst ruhig mehrere nennen. Meistens kommt so der Stein ins Rollen. Ist ja auch gewiss mehr als schwer sich festzulegen, meine 100er Liste hat sich von Jahr zu Jahr, Monat zu Monat, Tag zu Tag geändert. Sie ist auch nicht mehr als eine Entwicklung, die womöglich schon morgen wieder eine Veränderung erfahren wird. The Times They Are A Changing! Womit ich schon bei einigen selbst auferlegten Regeln wäre. Hätte nämlich gerne mehrere Dylan-Alben (und Neil Young, Van Morrison, etc.) aufgenommen. Doch Regel Nummer eins, nur ein Album pro Interpret. Die Vielfalt soll zum Tragen kommen, unbekanntere Künstler mehr Öffentlichkeit erlangen. Weitere Regel, kein Album vor 1960. In meiner Sammlung stammt zwar einige Musik aus dieser Zeit, jedoch kaum ein Original-Album und Sampler, Compilations, Best Of und Greatest Hits bleiben außen vor. Deshalb leider kein Elvis Presley, kein Robert Johnson, Hank Williams, Billie Holiday, auch diese Liste ließe sich unendlich fortsetzen. Nicht zu vergessen, dass das Album-Format vor den 60er Jahren noch in den Kinderschuhen steckte, kaum mehr als eine Ansammlung von Singles war. Letzte Regel, kein Album nach 2002. Eine Platte benötigt Zeit, um sich bewähren zu können. Es gibt schließlich auch Musik mit Verfallsdatum. Die hat im Insel-Buch hier nichts verloren. Wer weiß, vielleicht müssen wir für den Rest unseres Lebens auf der Insel weilen, wäre doch schade wenn wir den Koffer falsch gepackt hätten. Ansonsten habe ich frei entschieden, subjektiv, mein Geschmack war entscheidend. Obwohl meine Insel-Alben den Zeitraum 1961-2002 abdecken, lässt sich immer ein Bezug zu den 60er und 70er Jahren herstellen mit den Bereichen Singer/Songwriter, Folk, Pop, Rock, Punk, Country und Soul. Nichts gegen Hip-Hop, Techno, Drum & Bass usw., habe ich seinerzeit, als ich noch die einschlägigen Clubs besuchte, ganz gerne gemocht und gehört, hat für mich als Tanz- und Hintergrundmusik funktioniert, jedoch nur wenige Spuren in meiner Tonträgersammlung hinterlassen. Sei's drum. Lest, entdeckt, vermisst, verflucht und schimpft, weil wie kann er nur Nirvana vergessen, und Björk, The Who, Led Zeppelin, David Bowie, Sam Cooke undundund. Vergebt mir meine Unterlassungssünden. Habt Gnade! Here we are and here we go (in chronologischer Reihenfolge) - Das Insel-Alben-Buch - 100 Highlights der Pop-Musik-Kultur 1961-2002:

I. 1961-1968 SOUL, DYLAN, MYSTIK & ANDERE ERFAHRUNGEN

001. STIL UND SCHMUTZ / **BOBBY BLAND – Two Steps From The Blues (1961)**

002. SOUL MAGIER / **JAMES BROWN – Live At The Apollo (1963)**

003. KÖRPER GEWORDENE SEELE / **OTIS REDDING – Otis Blue (1965)**

004. THIN WILD MERCURY MUSIC / **BOB DYLAN – Blonde On Blonde (1966)**

005. TEXAS MANIACS / **THE 13th FLOOR ELEVATORS – The Psychedelic Sound Of (1966)**

006. IM SIEBTEN POP-HIMMEL / **THE BEACH BOYS – Pet Sounds (1966)**

007. SANFTE QUAL / **TIM HARDIN – Tim Hardin 1 (1966)**

008. DENN SIE WISSEN NICHT WAS SIE TUN / **THE VELVET UNDERGROUND – The Velvet Underground & Nico (1967)**

009. EKSTASE UND LEGENDE / **THE DOORS – The Doors (1967)**

010. INBRUNST / **TIM ROSE – Tim Rose (1967)**

011. DEEP DEEP SOUL / **JAMES CARR – You Got My Mind Messed Up (1967)**

012. SEARCHING FOR THE DOLPHINS / **FRED NEIL – Fred Neil (1967)**

013. IN LUFTIGEN HÖHEN / **SANDY DENNY – The Original Sandy Denny (1967)**

014. COLOURS / **LOVE – Forever Changes (1967)**

015. SOUL ALS UMARMUNG / **ARETHA FRANKLIN – I Never Loved A Man The Way I Love You (1967)**

016. FOLK NOIR CHANTEUSE / **NICO – Chelsea Girl (1967)**

017. FLIRRENDE MYSTIK / **VAN MORRISON – Astral Weeks (1968)**

018. FEUER, HIMMEL UND REGEN / **THE JIMI HENDRIX EXPERIENCE – Electric Ladyland (1968)**

019. GEISTERHAND / **DR.JOHN – Gris-Gris (1968)**

020. HÖREN UND STERBEN / **THE BAND – Music From Big Pink (1968)**

Das erste Kapitel umfasst die Jahre 1961-1968. Das Album-Format gewinnt an Gewicht. Die Musik-Stile entwickeln sich, existieren aber auch in ihrer ursprünglichen Form weiter. Aus Rhythm & Blues wird Soul und Funk, aus Rock'n'Roll Beat. Vor den Rock werden Folk-, Country- und Blues- gesetzt. Singer/Songwriter mischen die Stile und begründen ihr eigenes Genre. Aus Erfahrungen mit Mystik, Psychedelia und (Beat) Poetry entstehen Konzepte mit vielfältigen Möglichkeiten, die bis in die Pop-Gegenwart wirken.

Die ersten drei Insel-Alben sind nicht umsonst aus dem Soul-Bereich. Soul war in den Sechzigern eine der Säulen im populären Musikgeschehen. Das Stax-Label im Süden, Atlantic im Norden der USA, spielte eine zentrale Rolle. Aber auch die Kleinen waren imstande Großes zu leisten. Ein James Carr erfährt seit Ende der Neunziger zunehmend Anerkennung und steht zumindest in Insiderkreisen neben James Brown, Otis Redding und Aretha Franklin im erlauchten Kreis der Grossen. Im Soul-Bereich lassen sich übrigens wahre Schätze und Kleinode auf Samplern und Compilations entdecken, die in den Sechzigern (und auch Siebzigern) als Singles erschienen.

Geradezu als Säulenheiliger muss der Bob Dylan der Sixties bezeichnet werden. Mit fünf Meisterwerken hintereinander (*Another Side Of Bob Dylan*, *Bringing It All Back Home*, *Highway 61 Revisited*, *Blonde On Blonde*, *John Wesley Harding*) ist er nicht nur eine Ikone dieses Zeitabschnitts sondern der populären Musikgeschichte schlechthin. Was er bis heute geleistet und erreicht hat ist unvergleichlich und weitere Ausführungen würden den Rahmen dieser Kapiteleinleitung sprengen.

Die mystische Seite schlägt sich in der Musik der Doors, Dr.John, Tim Rose, The Band sowie Nico nieder und fokussiert sich in Van Morrisons *Astral Weeks*. Ein Werk, das in seiner Machart bis zum heutigen Tag einmalig geblieben ist und richtungsweisend für das ganze Singer/Songwriter-Genre. Wenn es denn das ***eine*** Insel-Album gibt, dann dieses!

Im Grenzbereich Folk und Singer/Songwriter finden sich Leute wie Tim Hardin, Sandy Denny und Fred Neil, die vor allem, aber eben nicht nur, durch ihre vokalen Künste überzeugen. Luftigen Folk-Pop-Rock der Extraklasse machten seinerzeit The Byrds, die mit keinem Insel-Album vertreten sind, shame on me. Den Beach Boys gelingt mit *Pet Sounds* ein symphonisches Pop-Meisterwerk, das auch heute noch in Alben jüngerer Künstler nachklingt. Solchen Einfluss muss auch The Velvet Underground zugestanden werden. Zu ihrer Zeit unter ferner liefen und nur unter Kennern

gehandelt, waren sie Vorboten des Punk und der dunklen Seite des Rock'n'Roll. Mit manischem Psychedelic-Garagen-Rock versorgten uns die 13th Floor Elevators, während Love kolorierten Westcoast-Folk-Rock zelebrierten.
Mit The Jimi Hendrix Experience machen wir die Erfahrungen der etwas anderen Art. Der Ausnahmegitarrist spielte wie von einem anderen Stern. Müsste man den besten Rock-Gitarristen aller Zeiten küren, gäbe er den würdigsten Vertreter ab. Seiner Zeit um Lichtjahre voraus, versetzen uns seine Alben nach wie vor in andere Hördimensionen.

Nun aber los. Packen wir's an. Koffer auf und rein mit der ersten Scheibe:

001. STIL UND SCHMUTZ
BOBBY BLAND – Two Steps From The Blues (1961)

Hier sagt der Titel des Albums schon fast alles. Auf dem Cover hat Bland die erste von zwei Stufen mit einem Bein eingenommen und die Tür steht weit offen für Rhythm & Blues und Soul. Fast zögerlich und vorsichtig beginnt *Two Steps From The Blues* mit dem gleichnamigen Titelstück, bereitet den Boden für die kommenden großartigen Songs. Anklagender, beinahe bellender Gesang auf „Cry Cry Cry“, der von wärmenden Bläsersätzen getragen wird, im Hintergrund Klimperpiano und eine bluesende Stromgitarre. Dann lässt sich der Song in eine scheinbar gemütliche Wiege zurückfallen, Bland klagt nicht mehr, er trauert, was für ein Wechselbad. „I'm not ashamed cause you saw me crying“ croont und soult Bobby die ersten Zeilen von “I'm Not Ashamed” und trifft mitten in Herz und Seele. Rhythm & Blues vom Feinsten. „Don't Cry No More“ swingt und ist Aufforderung zum Tanz, eine wahre Freude. Auf „Lead Me On“ drohen und schwelgen Streicher, flüstern Flöten und wie von einem Wind wird ein flüchtiger Gospelchor herangeweht. Es folgt Blands bekanntester Song „I Pity The Fool“, eine Art Big Band Nummer mit den für ihn typischen kehligen Lauten und gurgelnden Tremolos. Wie „blue“ Bobby sein kann, beweist er auf „I've Just Got To Forget You“, während „Little Boy Blue“ von einem fröhlichen Groove gezogen wird. „St. James Infirmary“ beginnt mit Mariaschi-Trompeten, wiegende Bässe und Klimperpiano halten den Zug am Laufen, Bland trauert stilvoll zurückhaltend, die Bläser dramatisieren und weinen. Tragisch. Und dann diese Orgel, zischend und pfeifend schlängelt sie sich durch den Übersong des Albums „I'll Take Care Of You", Bland schmeichelt leidenschaftlich, um mit dem nächsten Song „I Don't Want No Woman" zu sagen, gerade mal einen halben Schritt vom Blues entfernt, während „I've Been Wrong So Long" mit spannungsvollem Bassspiel und Tempowechseln den Two-Steps-Abstand wiederherstellt. Die remasterte CD-Version des Albums enthält noch zwei Bonus-Tracks, die das ausgezeichnete Niveau mühelos halten. Bobby Bland hat Stil und Schmutz in der Kehle. Ergreifender Soul!

002. SOUL MAGIER
JAMES BROWN – Live At The Apollo, 1962 (1963)

"Are you ready for star time?" fragt Fats Gonder zu Beginn des legendären Konzerts. Eine Sternstunde sollte folgen. Nach der "opening fanfare" legt dann James Brown And The Famous Flames with The James Brown Band richtig los. Startet furios mit "I'll Go Crazy" und schmachtet in der gefühlvollen Ballade „Try Me". Schon jetzt hat man eine Ahnung, dass hier ein magisches Konzert in Gange gekommen ist. „Think" überschlägt sich, sprüht Funken. „I Don't Mind" zeigt über welch stimmliches Volumen und Ausdrucksstärke Brown verfügt. Spitze Falsett-Schreie, warmes Dehnen der Vokale, er versteht es seine Seele in Stimme zu verwandeln. All dies, potenziert, geschieht auf „Lost Someone", eine 10:43 Minuten Ballade, die in dieser speziellen Vortragsart, wirklich ihresgleichen sucht. Brown flüstert, schreit und, ja, bezieht das Publikum aufs selbstverständlichste mit ein. Singt dann ohne Mikro, während die Band eine Bass-Wiege mit Bläsersätzen und Orgelteppich hinzaubert und damit jene Schwüle erzeugt, die nur live geschehen kann. „I love you tomorrow/just like I love you today/I'm so weak/ah don't take my heart away" schmachtet der hardest working man in show business. Ja, mit viel Seele und Leichtigkeit arbeitet er sich in diese Performance hinein und deutlich sind die yeahs und andere affirmative Schreie des Publikums zu hören. Das überwältigende „Lost Someone" geht nahtlos in ein fast 7 minütiges „Medley" über, das mit seinen Songs und damit verbundenen

Tempo-Wechseln spielt. Dann entlässt uns James Brown mit dem „Night Train", torkelnder pumpender Bass, holpernde Drums, vorwärtstreibende Bläser und Browns facettenreiche Stimme. *Live At The Apollo, 1962* kocht auf hoher Flamme. Großer SOUL, der die Funk-Zukunft schon mehr als andeutet. Schweiß und Tränen!

003. KÖRPER GEWORDENE SEELE
OTIS REDDING – Otis Blue (1965)

Mit seinem dritten Album schuf Otis Redding sein Meisterstück. Intensivst dramatisierte Verzweiflung bietet uns das Eröffnungslied „Ole Man Trouble". „Respect" ist Soul-Stomper, hitzig, fordernd und schweißtreibend, Tanzbodenfüller! Sam Cookes „A Change Is Gonna Come" haben fast alle Soul-Größen interpretiert, aber Reddings Version ist die Definitive, Absolute! Himmlisch dehnt und zieht er die Vokale, der Gesang voller Pein und Hoffnung, erschüttert jeden Atheisten zutiefst. „Down In The Valley" groovt mit fröhlicher Gleichgültigkeit. Was Otis auf „I've Been Loving You Too Long" bietet ist Sangeskunst vom anderen Stern. Er singt diesen Song nicht, er atmet und lebt ihn. Redding klagt ohne zu jammern, bis es vulkanartig aus ihm herausbricht: „Good god almighty, I love you". Körper gewordene Seele! Mit „Shake" zurück zum Tanzboden. Akzente setzende Bläser, Bass, Drums und Gitarren mit klaren, treffenden Rhythmen, Otis mit spitzen Vocals. Mit „My Girl" schafft er dann wieder die definitive Version einer Fremdkomposition, „I got sunshine on a cloudy day", ja hier scheint die Sonne in voller Pracht, dem Mädchen gelingt es mühelos Wolken und Regen zu vertreiben. Aus Sam Cookes „Wonderful World" macht er keine absolute, dennoch eine sehr gute Version. B.B.Kings „Rock Me Baby" hat auch auf *Otis Blue* den Blues, stellt aber naturgemäß den Gesang in den Mittelpunkt, obwohl Steve Cropper beachtlich feurige Gitarrenlicks zum Besten gibt. „Satisfaction" von Jagger/Richards kocht auf hoher Flamme, riecht nach Tanz und Schweiß. Das Album endet mit der feinen balladesken William Bell Komposition „You Don't Miss Your Water". Nichts näheres muss mehr zur Stax Hausband Booker T. & The M.G.s, die auf *Otis Blue* in gewohnt grandioser Manier zu Gange ist, gesagt werden. Otis Reddings bemerkenswerte Sangeskunst kann nicht genug gelobt werden, auf *Otis*

Blue singt er wie entfesselt, voller Selbstvertrauen, gepeinigt und seelenvoll. Sein übriges Werk steht dem in Nichts nach. Viel zu früh wurde er im Dezember 1969 Opfer eines Flugzeugabsturzes.

004. THIN WILD MERCURY MUSIC
BOB DYLAN – Blonde On Blonde (1966)

Blonde On Blonde stößt Türen auf. Auch heute noch, zig Jahre nach Veröffentlichung. Ein zeitloses Album, das immer wieder neu entdeckt werden will. In die Ferne schauen und Selbstbetrachtung. Mit „Rainy Day Woman # 12&35“ stolpern wir lachend und trunken über den Jahrmarkt. „Pleding My Time“ hat den Blues als Fundament als Hintergrund, hat da wer etwas von Folk-Rock gesagt? „Visions Of Johanna“ ist mein absoluter Dylan-Favorit, fast 8 Minuten lang quecksilbrig-dichte Sounds und literarische Feinheiten. „Ain't it just like the night to play tricks when you're tryin' to be so quiet?/We sit here stranded, though we're all doin' our best to deny it“, welch herrliche unvergessliche Zeilen! "One Of Us Must Know (Sooner Or Later)" lässt Seite eins des ersten Doppel-Albums der Rock-Geschichte wundervoll ausklingen. Seite zwei startet mit „I Want You“, bizarre Bilder stellen sich ein, hat aber die Fröhlichkeit von seilhüpfenden Kindern. „Stuck Inside Of Mobile With Thee Memphis Blues Again“ und „Leopard-Skin Pill-Box Hat“ spielen und variieren Bluesthemen, beißend und scharf. „Just Like A Woman“ ist nicht von dieser Welt, eine andere Dimension, musikalisch und textlich. „Most Likely You Go Your Way And I'll Go Mine“ mit verschmitzter Freude vorgetragen, während „Temporary Like Achilles“ als langsame Ballade mit beschwörend-schönen Pianoklängen daherkommt und halluzinatorische Bilder hervorruft. Einen tollen vom Schlagzeug getriebenen Beat hat „Absolutely Sweet Marie“. „4th Time Around“, ein weiterer Übersong auf diesem Album, himmlisches akustisches Gitarrenspiel, zärtlich-wissender Gesang, zum Sterben schön. Mit „Obviously 5 Believers“ rockt sich Seite drei dem Ende entgegen. Seite vier ist 12 Minuten „Sad Eyed Lady Of The Lowlands“, klingt resigniert und leuchtet doch wie ein zum Greifen naher Stern, Al Koopers Orgel ist flüssiges Gold. *Blonde On Blonde* hat elektrische Gitarren wie Pfeile abgeschossen, nervenstrapazierende Harp in den höchsten Tönen, die Orgel zeichnet bunte Luftschlangen und natürlich diese Stimme: dekadent nölend oder romantisch schmeichelnd und auch provozierend gelangweilt. Was bei Dylan nichts anderes als höchste Gesangphrasierungskunst heißt. Dann akustische Gitarren rund wie ein Pfauenrad und Texte, die für sich stehen und nach allem anderen als Interpretation schreien, gesungen wie Mantras zwischen Himmel und Hölle. Ein bunt schillerndes Konglomerat, schwankend, unsicher, wie aus einem Guss. Dünne wilde Quecksilbermusik, so der Meister himself. Das Meisterwerk unter vielen seiner Meisterwerke. Diesem Menschen ist mit seinem Schaffen ein Gesamtkunstwerk gelungen und –thank you Lord- kein Ende ist abzusehen. Begleite Bob Dylan auf seiner Neverending Tour. Get stoned somewhere else – be happy! Bob Dylan hilft dir dabei!

005. TEXAS MANIACS
THE 13th FLOOR ELEVATORS – The Psychedelic Sounds Of (1966)

Manie! Panik! Drogen! Psychedelischer Garagen-Rock wie er besser nie wieder gemacht wurde. Opus Magnum dieser großen, leider nur kurzlebigen Band und des ganzen Genres. Hebt ab wie ein Ufo mit ihrem Hit „You're Gonna Miss Me", den Mastermind Roky Erickson mit manisch jaulendem Gesangsstil zum Besten gibt. Die Rhythmen ekstatisch, die Gitarren elektrifizierend. Ein Song, der förmlich in die Höhe schießt. „Roller Coaster" treibt weiter in einen reißenden Strom, der durch das beinahe folkige „Splash 1" unterbrochen wird, um in „Reverberation (Doubt)" mit hohem Tempo fortzufahren. Auf „Don't Fall Down" treffen akustische auf elektrische Gitarren, die Elevators schalten einen Gang zurück, während auf „Fire Engine" wieder der Motor hochgejagt wird und Herr Erickson manisch panisch die Stimmbänder zerrt, die psychedelischen Klänge des 13. Fahrstuhlgeschosses. Im 7.Stockwerk finden wir „Thru The Rhythm", im 6. das folk-rockige „You Don't Know". „Kingdom Of Heaven" spiegelt selbiges wieder, schleicht katzenhaft um die Ecke, baut Spannung auf und ab. „Monkey Island" scheppert und klappert, sucht und findet so etwas ähnliches wie eine Melodie. „Tried To Hide" schillert wie das bunte Cover. Hat da etwa das Pyramidenauge gezwinkert? Und „What's that funny little noise in that record?" fragt Lelan Rogers im booklet. Womöglich ist Roky Erickson, der diese visionär-wahnsinnigen Lyrics verfasst, ja doch mittels Ufo von Außerirdischen auf diese Welt gebracht worden. Dieses Album erweckt den Anschein. Texas Maniacs!

006. IM SIEBTEN POP-HIMMEL
THE BEACH BOYS – Pet Sounds (1966)

Ein Insel-Koffer ohne *Pet Sounds* geht natürlich nicht. Nahezu traumwandlerisch wie hier Komposition und Produktion zu einem Kunstwerk als Ganzes zusammenwächst. Verantwortlich dafür ist in erster Linie Mastermind Brian Wilson. Er kreierte einen symphonischen Sound, der übliches Instrumentarium mit exotischen Streicherarrangements kombinierte, dazu schwirrende Orgeln, Cembalo- und Flötenklänge, Fahrradklingeln, Cola-Dosen, bellende Hunde und zu guter letzt die wunderschönen auf- und nebeneinandergeschichteten Harmony-Vocals der Beach Boys. Wärmstens zu empfehlen gegen Post-Teenage-Angstzustände, die ja bekanntlich ein Leben lang andauern können. Brian Wilson weiß nicht nur ein Lied davon zu singen. Wer wissen will wie so ein Album erschaffen wird, greife zur 4-CD-Box *The Pet Sounds Sessions* (1996). Die ersten Takte von „Wouldn't It Be Nice" klingen nach Spieldose, gehen dann über in eine symphonische Pop-Melodie mit beschwingten Akkordeon-Tönen und Gesangsharmonien mit Flügeln. Schließe die Augen und tauche mit „You Still Believe In Me" in eine andere Welt, eine weibliche und süße Welt. Ein weiches Wattewunder! Erhöre und du wirst sehen! „That's Not Me", mit Mike Love als Leadsänger, hat überraschende und unwirkliche Soundscapes. Welch Liebe in „Don't Talk (Put Your Head On My Shoulder)" steckt, kann nur durch Hören erfühlt werden. Die Harmonien des Instrumentariums verschmelzen mit den Gesangsharmonien, ein warmer Fluss aus Gold. Schönheit gewordener Song! „I'm Waiting For The Day" hat seltsame Tempobrüche, die aber organisch wieder zusammenfinden und in eine herrliche Schlussmelodie münden. „Let's Go Away For Awhile" bewegt sich auf samtenen Katzenpfoten, eine instrumentale Pop-Symphonie mit Musical-Flair. Ein wahrer Hit mit Zuckerguss-Melodie ist „Sloop John B", perfekt arrangiert mit den unvergesslichen Zeilen „drinking all night/got into a fight//well I feel so broke up/I want to go home“. “God Only Knows” ist Spiritualität ohne jegliche Esoterik-Peinlichkeit. Nicht von dieser Welt! Mit „ I Know There’s An Answer” erschufen die Beach Boys einen hoffnungsfrohen Song für die Ewigkeit. „Here Today“ hat verschiedene Ansätze, eine mysteriöse Suche, die im melodiösen Refrain ihre Heimat findet. Brian Wilsons begnadetes Singer/Songwriter-Talent ist auf „I Wasn’t Made For These Times“ abermals nachzuvollziehen. Ein kleines wundersames Paradies, dieser Song. Das Titelstück klingt nach James Bond Soundtrack, ein glanzvolles instrumentales (Zwischen)Spiel. Perfekter als mit „Caroline, No“ kann ein Album nicht beendet werden. Auf Wolken gebettet, von Harmonien getragen, finden wir uns im siebten Pop-Himmel wieder: dort bellen die Hunde, ein letzter pfeifender Zug, der vorüberfährt. *Pet Sounds* hören ist wie Atmen! Amen!

007. SANFTE QUAL
TIM HARDIN – Tim Hardin1 (1966)

Einer der drei großen Tims (die anderen zwei demnächst auf diesen Seiten). Exzellenter Singer-Songwriter, spielt mit Folk, Blues, Jazz, Rock und bringt sie auf einen Nenner. Der ganz große Erfolg war ihm leider nicht gegönnt. Hoch geschätzt unter Kollegen wurde er vielfach gecovert, z.B. von Nico, Rod Stewart, Fred Neil, Scott Walker. Hervorzuheben ist Tim Hardins sanfte und seelenvolle Stimme, die zuweilen gequält und resigniert wirkt. Dann wieder strahlt sie Zärtlichkeit und viel Wärme aus. Melancholische Verspieltheit und samtfarbene Einsamkeit spiegelt dieser Songreigen. Die meisten Lieder basieren auf akustischen Gitarrenarrangements, die teilweise mit feinen Streichern verziert werden. Hin und wieder zurückgenommene, aber wirkungsvolle Piano- und Vibraphonlinien. Gekonnt und dezent hält Schlagzeug- und Bassspiel das Ganze zusammen. Mit beispielsweise „Don’t Make Promises“, „How Long“, „Reason To Believe“, „Never Too Far“, “Misty Roses” und “How Can We Hang On To A Dream” findet sich auf *Tim Hardin 1* großartiges Songmaterial. Dasselbe gilt für die Folgealben *Tim Hardin 2* und *This Is Tim Hardin*. Die gesamten Aufnahmen dieser 3 LPs sind übrigens auf der DoCD *Hang On To A Dream: The Verve Recordings* (mit Bonus-Material) erhältlich. Sehr empfehlenswert, wie auch die Alben *Suite For Susan Moore And Damion – We Are – One. One, All In One* (1970) und *Bird On A Wire* (1971), die als Twofer (zwei LPs auf einer CD) wiederveröffentlicht wurden. Nicht zu vergessen, sozusagen sein Vermächtnis: *The Homecoming Concert* (1980). Wie viele Künstler dieser Zeit, hatte auch Tim Hardin massive Drogenprobleme. Im Alter von 39 Jahren, starb er 1980 an einer Überdosis. Why can't we hang on to a dream?

008. DENN SIE WISSEN NICHT WAS SIE TUN
THE VELVET UNDERGROUND – The Velvet Underground And Nico (1966)

Der Lärm und die Melodie. Die Schöne und das Biest. Unschuld und Sünde. Liebe und Heroin. Das alles und noch viel mehr. Zu seiner Zeit nur in speziellen Kreisen beachtet, hat es die Geschichte zu einem der wichtigsten und einflussreichsten Alben werden lassen. Beginnt mit „Sunday Morning", beinahe kindlich, um sich dann in einen der schönsten Pop-Songs aller Zeiten zu verwandeln. „Waiting For The Man" ist der scheppernde Klassiker dieser Band, der alles vereint: den typisch nölenden Lou-Reed-Gesang, hämmerndes John-Cale-Piano, elektrifizierendes Gitarrenspiel (Sterling Morrison, Lou Reed), die unnachahmlichen klopfend-monotonen Trash-Drums von Maureen Tucker, eine eingängige Melodie und die berühmten Zeilen „I'm waiting for my man/twenty-six Dollars in my hand". Dann der Bruch zum chansonhaften „Femme Fatale" mit der dunklen Stimme Nicos. Auf „Venus In Furs" herrscht John Cales Nervensäge, sprich: Viola, vor. Dem gitarrendominierten „Run Run Run" folgt „All Tomorrows Parties", das Nico erhaben mit teutonischer Stimme vorträgt, angeblich Produzent Andy Warhols Lieblingssong. Schließlich „Heroin", einer der umstrittensten Songs der populären Musikgeschichte. Eine 7:10 Minuten Orgie, die mit genialem Gitarrengeklimper und einfachen eindringlichen Trommelschlägen (wie dumpfe verzögerte Herzschläge) beginnt. Dann zwängt Lou Reed die Laute aus seinem Mund: „I don't know/just where I'm going". Denn sie wissen nicht was sie tun. Die Rhythmen werden schneller um sogleich abzuebben. Von weit hinten klebt sich dann John Cales Viola wie eine Sirene an die Gitarrenklänge. Tempo und Lautstärke zieht an, fährt wieder zurück „and I guess that I just don't know". Und wieder Steigerung, Schnelligkeit, gezeichnet von Trommelschlägen und Gitarren, die drohen sich zu überschlagen. Das Kratzen der Viola, die Nerven auf Zerreißprobe. Ameisen im Kopf. „Heroin/it's my life and it's my wife". Wer jetzt eine Erholung braucht, kriegt sie mit dem nahezu klassischen Sixties-Beat-Song "There She Goes Again". Nico drückt dem wunderschönen „I'll Be Your Mirror" ihren Stempel auf. „The Black Angel's Death Song" ist Lou Reed Sprechgesang plus John Cale kratzt/schwingt die Viola. Auf „European Son" wird Noise praktiziert. Glas zersplittert oder ist es Nicos Mirror? Ein Scherbengericht. Schneidet tief. Muss das berühmte Bananen-Cover mit dem Andy-Warhol-Schriftzug noch erwähnt werden?

009. EKSTASE UND LEGENDE
THE DOORS - The Doors (1967)

Im Großformat Jim Morrisons engelsgleiches Gesicht, dessen rechte Hälfte im Licht, während im linken Gesichtsschatten seine Mitstreiter Robby Krieger, Ray Manzarek und John Densmore, wesentlich kleiner abgebildet, das Cover zieren. Natürlich sind die Doors in erster Linie Jim Morrison, doch wäre dieser nichts ohne seine großartigen Mitmusiker. Dies wird schon deutlich im fulminanten Auftaktsong „Break On Through (To The Other Side)". Spitze wilde Schreie, furiose Beats und fiebriges Orgelspiel, sowohl Aufbruchsstimmung als auch Drogen/Todessehnsucht signalisierend. In Morrisons Stimme schwingt eine verzweifelte Manie oder auch manische Verzweiflung mit. Der König der Eidechsen. Die Geschichte mit der Seele des Indianers. Seine Gedichte. Die spektakulären Live Performances. Apokalypse Now mit den Hubschraubern. Die vielen Doors-Bücher. Der Film von Oliver Stone. Morrisons Tod in Paris 1971. Legend as legend can be. *The Doors* basiert auf Blues und Rock'n'Roll, geht aber weit darüber hinaus. Beispiele gefällig? Höre den Weill-Brecht „Alabama-Song (Whisky Bar)" und das Drama „The End". Auch gute gehaltvolle Pop-Songs sind zu finden: „I Looked At You", „Take It As It Comes". In den Vordergrund spielt sich immer wieder Ray Manzareks fließendes Orgelspiel. Robby Kriegers Gitarre kann rocken, den Blues haben oder psychedelisieren. Schlagzeuger John Densmore kommt vom Jazz, was an und für sich nichts heißen muss. Jedenfalls kann er die Trommeln spielen, als wären sie ein Melodieinstrument und er kann improvisieren, was er nicht nur live, sondern auch im Studio demonstriert. Das Album mündet in das fast 12minütige „The End“, das quasi das ganze Schaffen der Doors zusammenfasst. Ekstase, Wildheit, kryptische Lyrics, Tempowechsel, Psychedelik und und und. „The End“ ist rituelle Zelebration und ödipales Epos. „The blue bus is calling us“.

010. INBRUNST
TIM ROSE – Tim Rose (1967)

Der zweite der drei großen Tims. „I got a loneliness/deep inside" so shoutet Tim Rose zu Beginn seines Debüts auf "I Got A Loneliness" mit solcher Inbrunst, dass wir mitfühlen, uns an eigene Einsamkeitserlebnisse erinnern oder diese verstärkt erleben. „I'm Gonna Be Strong“ beginnt mit akustischer Gitarre und marschrhythmusartigen Drums, dann setzt Rose mit zurückhaltendem Gesang ein, der Song erfährt eine kontinuierliche Steigerung. Seine rauchige Stimme schwingt sich unter Mitnahme der Streicher empor, demonstriert Stolz und Selbstvertrauen. Gilt auch für „I Gotta Do Things My Way“. Den hohen weiblichen Backing Vocals gelingt es mit der kehligen Rose-Stimme zusammenzuschmelzen, was einem Befreiungsakt mit wütendem Optimismus gleichkommt. „Fare Thee Well“ ist Schwelgen in Abschiedsstimmung. „Eat, Drink and Be Merry (For Tomorrow You'll Cry)“ ist eine der besten weißen Soul-Balladen, die ich kenne. Ein tiefer weicher Bass, gestrichene Schlagzeugfelle, zärtlichster Gesang, einfache Folk-Rock-Gitarren und Pianotupfer. Wahre Moods in Blau! Dann „Hey Joe“, Tim croont und soult was das Zeug hält, der muss mit Whisky und Nägeln gurgeln, der Typ. „Morning Dew“ ist seine bekannteste Komposition, wurde von vielen, beispielsweise Grateful Dead und Jeff Beck, gecovert. Eine hüpfende Bass- und Gitarrenmelodie trägt das Stück. Subtil bedrohliche Pianolinien, Tempowechsel und der brüchige rohe Gesang verkünden Unheil, das nicht zu greifen ist. Beunruhigend! An dieser Stelle sei Roel van den Bergs Buch „Die Luftgitarre“ mit u.a. einem Essay über „Morning Dew“ wärmstens empfohlen. Hymnisch und spectorianisch tönt „Where Was I?“ und „You're Slipping Away From Me“ schwankt zwischen fröhlichem Pop-Song und Mini-Drama. „Long Time Man“, eine 5-minütige Murder-Ballad par excellence, von Rose und Begleitmusikern lässig-schwül mit angedeutetem Stirnrunzeln vorgetragen. Der Anti-Krieg-Song (so was gab's 1967) „Come Away Melinda“ ist zärtlich-bedrohliches Drama und auf „King Lonely The Blue“ blickt Tim Rose in den Spiegel. Einer der ganz großen Singer/Songwriter, der leider immer wieder in Vergessenheit geraten ist. Weiter hören: *Through Rose Colored Glasses* (1969), *Love, A Kind Of Hate Story* (1970) und *Tim Rose* (1972).

011. DEEP DEEP SOUL
JAMES CARR – You Got My Mind Messed Up (1967)

He could have been bigger than Otis Redding. Ob dem so ist, gewesen wäre…?..., lassen wir das. Hier kommt eines der besten Memphis Soul Alben. Southern Deep Soul wie er nur von ganz Großen gemacht wurde. Schon „Pouring Water On A Drowning Man“ zeigt die ganze Klasse James Carrs, spitze Falsett-Schreie, angedeutete Lacher und leidenschaftlichster Gesang. Dann „Love Attack“, wunderschöne Soul-Ballade, mit sehnsuchtsvoller Peformance von Carr. Tolle Bläsersätze, klasse Band, was für das ganze Album unterschrieben werden kann. Mit „Coming Back To Me Baby“ folgt ein Dancefloor-Stomper erster Güte. Die erdige und melancholische Ballade "I Don't Want To Be Hurt Anymore" fleht geradezu um Verständnis und Liebe. „That's What I Want To Know“ erfährt man auf dem Tanzboden, garantiert. Zu welch gesanglichen Leistungen James Carr fähig ist zeigt (auch) "These Ain't Raindrops", ein echter Tearjerker, Leiden und Leidenschaft, die Band shuffelt und soult was das Zeug hält. Country-Soul vom allerfeinsten hat „The Dark End Of The Street“ zu bieten, niemand hat den Penn/Moman-Klassiker jemals besser interpretiert. Klassische Midtempo-Soul-Songs sind „I'm Going For Myself“ und "Loveable", dramatisch und tragisch, erdig und authentisch. „Forgetting You“ kehrt die zärtliche Seite Carrs hervor, was nicht heißen soll, dass ihm hier die Kraft und Stärke seiner Stimme abhanden kommt. Im Gegenteil, Carr hat Power und abermals vernehmen wir die für ihn typischen Falsett-Schreie, die tief ins Mark gehen. „She's Better Than You“ hat wiegende Rhythmen, entfesselte Soul-Stimme und viel Wärme. Der finale Titelsong ist absolutes Highlight, Carr kehrt Innerstes weit nach Außen, legt die Seele bloß, demütig und hingebungsvoll schwelgt seine Stimme in einem musikalischen

Soul-Feuer und wie es im Fade Out „oh I love ya, I love ya“ aus ihm herausbricht, ist unvergleichlich. What more can I say? Nun, die CD-Version von 2002 auf Kent Records mit 12 Bonus-Tracks, die den ursprünglichen Tracks ebenbürtig sind, sollte in keiner Sammlung fehlen, genau so wenig wie *A Man Needs A Woman* (1968/2003) mit vielen weiteren Bonus-Tracks. Majestätische Soul-Music!!!

012. SEARCHING FOR THE DOLPHINS
FRED NEIL – Fred Neil (1967)

Außergewöhnlicher Singer/Songwriter mit weich-dunklem Timbre, der sich Folk-, Blues- und Jazzelementen bedient und diese stimmungsvoll ineinander fließen lässt. Mit „The Dolphins“, Jahre später wunderschön von Tim Buckley interpretiert, beginnt *Fred Neil* mit einem Glanzlicht. „This whole world may never change/The way it's always been/And all the ways at war/Can not change it back again/I've been searching…for the dolphins in the sea/Sometimes I wonder do you ever think of me". Schwebende elektrische Echogitarrensounds aus einem blauen Himmel, Neil's Stimme langsam ausholend, Vokale dehnend, untermalt von verhalten gespielten Drums und akustischen Gitarren. Blue Moods. Nachdenklich pfeifend beginnt „I've Got A Secret (Didn't We Shake Sugaree)“, wieder mit Echo-Gitarren und einer Melodie zum Träumen. Auf „That's The Bag I'm In“ hat Fred Neil den Blues, die Band folkrockt, jazzt und bluest. Es folgt „Badi-Da“ mit luftiger Folk-Melodie, bezaubernd und betörend. „Farethewell (Fred's Tune)“ verhalten sehnsüchtig, zieht ganz bedächtig die Fäden, Freds Stimme legt sich wohlig auf die musikalisch-melancholischen Wogen. Mit „Everybody's Talkin'“ hatte Harry Nilsson einen U.S. Top Ten Hit. In Neils ureigener Version treffen wir auf eine folkige Weise, der Meister phrasiert einfach aber eindrucksvoll, ein Song mit Flügeln und traurig-schönen Zeilen wie „Everybody's talkin' at me./I don't hear a word they're sayin'./Only the echoes of my mind/And I won't let you leave my love behind". „Everything Happens“ steht dem kaum nach und mit „Sweet Cocaine“ kriegen wir wieder den Blues. „Green Rocky Road“ spielt mit der "who do you love" Zeile und führt nochmals alle Fred Neil Eigenschaften vor. Mit „Cynicrustpeterfredjohnraga“ kriegen wir zu guter Letzt einen langen pfeifenden instrumentalen Zug mit zirpenden und flinken Gitarrenakkorden und -läufen, zischend-dunklen und schrillen Harptönen. Wohin die Reise geht, bleibt offen. Beim Packen unseres Inselkoffers darf *Fred Neil* nicht fehlen.

013. IN LUFTIGEN HÖHEN
SANDY DENNY – The Original Sandy Denny (1967)

Ihre Arbeiten mit Fairport Convention (siehe 023.Im neuen Gewand) und ihre Solo-Alben *Sandy Denny* (1970), *North Star Grassman And The Raven* (1971) und *Sandy* (1972) waren sicherlich reifer, durchdachter, raffinierter arrangiert und produziert, doch die Qualitäten von *The Original Sandy Denny* liegen vor allem in der überragenden stimmlichen Präsentation und das ist bei ihr nun mal entscheidend. Nie wieder hat sie mit so viel Sicherheit und Kraft gesungen, mit diesem puren Ausdruck. Ihre Stimme schwingt sich wie ein Vogel in luftigste Höhen. Ihre Tremolos sind eindrucksvoll und unvergleichlich. Das Liedgut dieses Zyklus' ist von einfacher Natur. Beginnt mit dem Traditional „This Train“, einem flotten Folk-Song, der von männlichen Background Vocals unterstützt wird. Die ganze Schönheit und Natürlichkeit ihres Gesangs wird auf „3.10 To Yuma“ (Dunning-Washington) deutlich. Dem folgt „Pretty Polly“, ein Traditional mit zirpenden akustischen Gitarrenklängen und fliegenden Gesangsschleifen. Die Jackson Frank Kompositionen „You Never Wanted Me“ und „Milk And Honey“ sind zarte Folk-Gewächse, die Sandys Stimme zum Erblühen bringen. „My Ramblin' Boy“ und „The Last Thing On My Mind“ von Tom Paxton, Folk-Midtempo-Songs, die Dennys wunderbare Tremolos in den Vordergrund spielen und die ganze Kraft ihrer Stimme unter Beweis stellen. Nichts minderes ist über die Traditionals „Make Me A Pallet On Your Floor“ und „The False Bride“ zu sagen. Auf „Been On The Road So Long“ begleitet sie Komponist Alex Campbell als Background Sängerin, ein Song, der ursprünglich auf *Alex Campbell And His Friends* (1967) zu finden war. Von *The Original Sandy Denny* sind unterschiedliche Vinyl- und CD-Versionen im Umlauf, die den ein oder anderen Song mehr oder weniger beinhalten. Welches Label macht sich endlich die Mühe dieses grandiose Album mit allen Songs und in remasterter Tonqualität zu veröffentlichen? Purster und schönster Folk-Stuff! Akustische Gitarre und die Stimme Sandy Dennys. Mehr braucht's nicht!

014. COLOURS
LOVE – Forever Changes (1967)

Nach *Love* (1966) und *Da Capo* (1967), gelang ihnen mit *Forever Changes* ihr Opus Magnum, welches weitreichenden Einfluss auf andere Bands hatte. Westcoast Sound, Psychedelia und Folk-Rock sind die Eckpfeiler dieses Albums. Die Köpfe, Arthur Lee und Bryan MacLean, sind außergewöhnliche Singer/Songwriter, die hier ein fein gesponnenes organisches Werk mit Flow ins Licht setzten. Mit „Alone Again Or“ beginnt das Album melodiös und prätentiös, Mariaschi-Trompeten und Streicher schwingen sich mit Bryan MacLeans Stimme in farbenprächtige Höhen, hymnisch und befreiend! „A House Is Not A Motel“ beginnt mit sanften Folk-Gitarren, Arthur Lee singt “And the streets are paved with gold and if/Someone asks you, you can call my name/You can call my name yeah all right now“ und aus heiterem Himmel schneiden elektrische Gitarrensounds in die Idylle. Auf „Andmoreagain“ schweben akustische Gitarren mit den Streichern und Lees zerbrechlicher Stimme, ein Song, der Blumen wachsen lassen kann. „The Daily Planet“ schimmert schön am hellen blauen Himmel, was auch auf den „Old Man“ zutrifft, der zum „Red Telephone“ greift und zärtlich wehmütige Moods verbreitet, erste Herbsttage, an denen man versonnen aus dem Fenster blickt. „Maybe The People Would Be The Times Or Between Clark And Hilldale“ klingt zwar sperrig, ist aber ein atmosphärisch dicht und fein gewobener Song mit schmissigen Trompetensounds. „Live And Let Live“ ist nach “Alone Again Or” der zweite heimliche Hit des Albums. “The Good Humor Man He Sees Everything Like This” ist ein zart schillerndes Gemälde, mit wärmesprühenden Bläsern und Streichern. Auf „Bummer In The Summer“ treiben perlende akustische Gitarrenklänge zu Lees fordernder Stimme. Mit „You Set The Scene“ erfahren wir das letzte Mal die leuchtende Schönheit von *Forever Changes*. Es sei denn man ist im Besitz der Rhino/Elektra Reissue-CD, die weitere sieben hörenswerte Bonus-Songs aufzuweisen hat. Wundervoll arrangiert und orchestriert hinterlässt *Forever Changes* alle Mal einen nachklingenden und bleibenden Eindruck. Comes in Colours!

015. SOUL ALS UMARMUNG

ARETHA FRANKLIN – I Never Loved A Man The Way I Love You (1967)

Die Königin des Soul! Auch heute noch keine Thronfolgerin in Sicht. Aus ihrer Kehle fließt pures Gold, schon auf dem ersten Stück „Respect“ deutlichst zu vernehmen. Furioser Start für ihr Atlantic-Label-Debüt, das bis zum letzten Takt das Niveau mühelos hält. Auf „Drown In My Own Tears“ spielt sie, wie auf den meisten Songs, ihr typisches Klimperpiano und ihre unvergleichliche Stimme, weit und offen, ist imstande einen zu umarmen. Zweifellos die Queen of Soul und mancher Kritiker behauptet: the best soul album ever released. Der Titelsong ist das Soul-Drama schlechthin. Sie screamt, croont und wie sie dann die Titelzeile „I never loved a man the way i love you“, seelisch in vollkommener Nacktheit, hinhaucht, ist so leidenschaftlich und brillant, dass es einem schier den Atem nimmt. Jazz- und bluesverwandt breitet sie ihre „Soul Serenade“ aus. Die erste Aretha Franklin Komposition von *I Never Loved A Man The Way I Love You* “Don't Let Me Lose This Dream” zeigt ihre Klasse als Songschreiberin. „Baby, Baby, Baby“ mit wärmsten und allerschönsten Bläsersätzen, Franklins Stimme schwingt in ungeahnten Höhen, begleitet von weiblichen Backing Vocals. Langsam bluest es auf „Dr.Feelgood (Love Is A Serious Business)“, während Sam Cookes “Good Times” als fröhlicher Midtempo-Blues groovt. Der Penn/Moman-Song “Do Right Woman – Do Right Man”, wieder eine Soul-Ballade, die Arethas außergewöhnliche Phrasierungen in vollem Glanze erstrahlen lässt. „Save Me“ kann einen wirklich retten, sofern man sich tanzend oder mitsingend darauf einlässt. Last but not least „A Change Is Gonna Come“. Nach Otis Reddings Interpretation folgt Arethas auf dem Fuße. Unbedingt erwähnt werden muss Produzent Jerry Wexler, der die großartige Muscle Shoals Band zusammenstellte und deren Legende hierin begründet wurde. Die Queen of Soul lieferte mit *Lady Soul* (1968), *Aretha Now* (1968), *Soul 69* (1969) und *Spirit In The Dark* (1970) weitere Großtaten ab. Soul als Umarmung!

016. FOLK NOIR CHANTEUSE
NICO – Chelsea Girl (1967)

Nico singt Jackson Browne, John Cale, Lou Reed, Bob Dylan, Tim Hardin. Kurz nach ihrem Ausstieg (Rausschmiss) von Velvet Underground kam ihr erster Longplayer *Chelsea Girl* heraus. Auf „The Fairest Of The Seasons“ wird sie vom CoKomponisten Jackson Browne auf der Gitarre und einer Streicher-Sektion begleitet, ein dunkles Folk-Chanson, das nur wenige Sonnenstrahlen durch die Ritzen der Jalousien lässt. Ein weiterer Jackson Browne Song folgt mit „These Days“, atmosphärisch und musikalisch wie der Vorgänger umgesetzt. Von Cale/Reed stammt „Little Sister“, ein versponnen-versonnenes Folk-Gewächs mit Flöten, Violine und Harmoniumsklängen. Nicos dunkle Stimme, deutsch-akzentuiert, melancholisch, doch noch einige Schritte von späterer Tiefe, Finsternis und Depression entfernt, ist in der Lage Hoffnung schimmern zu lassen. John Cales „Winter Song“ mit Streichern und flirrender Flöte, ein weiteres Stück Folk-Barock, flattert wie ein Vogel, der sich seinem Käfig noch nicht bewusst ist. Acht Minuten dauert „It Was A Pleasure Then“ von Nico/Cale/Reed, klingt wie Velvet Underground unplugged, ein monotones Brüten, stromlinienförmig in die Länge gezogen. Horizontlose, subtile Magie. Aus einer fremden dunklen Welt. „Chelsea Girls” von Lou Reed/Sterling Morrison, sieben Minuten lang, hat wieder versponnen orchestralen Folk-Flair, dem der Incredible String Band nicht unähnlich. Akustikgitarren werden von Flöten umrankt, aus hintergründigen Räumen wachsen klassisch anmutende Streicher und mittendrin die gleichgültig-traurig wirkende Stimme von Nico. So auch Bob Dylans „I’ll Keep It With Mine“ und Jackson Brownes „Somewhere There’s A Feather“. Lou Reeds “Wrap Your Troubles In Dreams” hypnotisch-monoton vorgetragen, ein film noir mit deutschem Ernst, kalter Sehnsucht und schwarzem Charme. Am Ende die „Eulogy To Lenny Bruce“ von Tim Hardin, nur akustische Gitarre und Nicos verloren-einsame Stimme. Und wir verschwinden in der Nacht.

017. FLIRRENDE MYSTIK
VAN MORRISON – Astral Weeks (1968)

Ein Quantensprung von Vans erstem Album *Blowin' Your Mind!* (1967) zum Zweitling *Astral Weeks*. Die Inselplatte schlechthin. Folk, Blues, Rock, Jazz, Klassik zusammen geschmolzen wie noch von niemandem zuvor und danach. Einzigartig in Machart und vor allem Wirkung. Psychedelisch flirrend, flatternd, mystisch, lyrisch und kompromisslos. Der Titelsong hat mit Nachdruck angeschlagene akustische Gitarrenakkorde, die einen rhythmischen Fluss finden, der zum Bewusstseinsstrom mutiert. Textzeilen wie z.B. „If I ventured in the slipstream/between the viaducts of your dreams" stehen denen Bob Dylans in nichts nach. "Beside You" hat seelenvoll den schwarzen Blues gefressen. Gesungenes Löwengebrüll! Die „Cyprus Avenue" hält dich gefangen, umrankt und betört dich „and all the little girls rhyme something/on their way back home from school". Beschwingt zieht "The Way Young Lovers Do" mit gewissem Jazz-Flair seine Kreise. „Madam George" reflektiert die Cypress Avenue und wandert beinahe 10 Minuten in hypnotischer Trance. Ein spiritueller Strom, der einen zum Zuhören zwingt und sich tief ins Bewusstsein senkt. Tanzt im Kopf, „just like a Ballerina". Schließlich knipst der „Slim Slow Slider" das Licht aus. *Astral Weeks* ist ein langer musikalischer Fluss, getragen von Streichern, akustischen Gitarren, Flöten, Vibraphonklängen, warmen Basstönen, dezenten Drums und unauffälligen Bläsersätzen. Dieses Album zieht in seinen Bann. Surreal, frei assoziiert geht es in viele Richtungen gleichzeitig und trifft doch schnurgerade mitten ins Herz. Hält Zeit und Atem an! Hab ich als 14-jähriger zum ersten Mal gehört und bis heute immer wieder, verliert nie an Intensität und Faszination, ein strahlender ewiger Stern am Himmel der populären Musik. Inselplatte vieler Kritiker, denen man sich nur anschließen kann. Im Klartext: Platz Eins, Goldmedaille!

018. FEUER, HIMMEL UND REGEN
THE JIMI HENDRIX EXPERIENCE – Electric Ladyland (1968)

Lichtjahre entfernt waren die Gitarrenklänge Jimi Hendrix' und noch heute suchen die Sounds ihresgleichen. Oft kopiert, nie erreicht. Mitch Mitchell (Drums) und Noel Redding (Bass) waren mehr als Begleitmusiker, sie waren erfahren und Erfahrung, Experience im weiten und engen Sinne. *Electric Ladyland* ist mehr als die Summe der Einzelteile Blues, Rock, Funk, Jazz und Psychedelia. Eine Produktionstechnik vom anderen Stern, zukunftsweisend wie seinerzeit Phil Spectors Wall of Sound. Ein Doppel Album, eine lange Reise ans Ende der Zeit. „And The Gods Made Love" fliegt uns aus dem Universum entgegen, überführt uns ins „Electric Ladyland", findet Bodenhaftung im „Crosstown Traffic". Erdig live beginnt „Voodoo Chile", das schwerfällig abhebt, dann wieder ganz down to earth zu brennen beginnt. „Little Miss Strange" ist eine poppige Noel Redding Komposition, „Long Hot Summer Night" ist typische Hendrix Lässigkeit. „Come On" rockt die guten Zeiten, „Gypsy Eyes" sind Gitarrenloops, auf denen Hendrix seine Vocals schwingen lässt. Und „Burning Of The Midnight Lamp" ist transzendent, atmosphärisch dicht, fliegt leuchtend gen Himmel. "Rainy Day, Dream Away" jazzt, bluest und geht lässig eine Straße entlang. "1983 (A Merman I Should Be)" und "Moon, Turn The Tides...Gently Gently Away" ist ein langer Trip in eine andere Zeit, zu einem anderen Stern. Ein Raumschiff auf schwereloser Reise, das sich in Einzelteile aufzulösen scheint, in der Ferne funkeln Galaxien. Unendliche Weiten. Zeit- und raumlos. „Still Raining Still Dreaming" träumt uns zur Erde zurück und „House Burning Down" brennt vor allem in der Seele. Über Dylans „All Along The Watchtower" als Hendrix-Song muss wohl nichts mehr gesagt werden, "the thief, he kindly spoke". Auf „Voodoo Chile (slight return)" wird nochmals das ganze Feuer der Jimi Hendrix Experience entfacht. Sage mir keiner Drogenmusik und Bewusstseinserweiterung. Feuer, Himmel und Regen. Die Zukunft der Vergangenheit.

019. GEISTERHAND
DR.JOHN – Gris-Gris (1968)

Auf unserer Insel müssen wir einen nächtlichen Dschungel durchqueren, der Gefahren, Mystizismen und kultische Rituale birgt. Glücklicherweise haben wir an unseren Doktor gedacht und sein Album *Gris-Gris* in den Koffer gepackt. Dr.John, the night tripper als Hohepriester des Voodoo und Musikzaubers wird uns führen und lenken. Mit *Gris-Gris* reicht er uns die Hand und wir tauchen in seine nächtlichen Geheimnisse. „Gris-Gris Gumbo Ya Ya“ schleicht heran wie eine Giftschlange, Dr.John krächzt und raspelt hintergründig. Frauenchöre singen monotone und rätselhafte Worte. Die Musik windet sich, forschend und psychedelisch. „Danse Kalinda Ba Doom“ klingt nach afrikanischen Ritualen, versucht wachzuklopfen, von irgendwoher strömen gar arabische (?) Rhythmen, wieder rätselhafte Frauenchöre. Dann „Mama Roux“, nach dem bisher Gehörten ein fast klassisch anmutender Song, bluesy Dr.John Vocals und die Damen singen diesmal einfaches Backing. Weiter geht's mit „Danse Fambeuax“, der Doktor bluest und soult mit seiner Stimme, begleitet von instrumentellem Dschungel und Wildwuchs. Wie von Geisterhand geführt. Ein Tanz ums Feuer. „Croker Courtbullion“ ist wieder ein musikalischer Schmelztiegel, Mardi Gras Rhythm & Blues, afrikanische Rhythmen, jazzige Flöten und beschwörerische Chöre. Da klingt „Jump Sturdy“ schon wieder erdiger, abermals beweist Dr.John sein Können als Sänger. Wie man über Splitterbomben geht vermittelt „I Walk On Guilded Splinters“, hypnotische und weibliche Backing Vocals, die das Prädikat soulful verdienen, der Doktor croont, bluest und haucht zu geheimnisvollen Trommeln. Dann ist der Spuk zu Ende. Es bleibt das Gefühl an einer theatralischen, rituellen Feier teilgenommen zu haben, wie hypnotisiert ziehen wir uns zurück und lauschen den Geräuschen der nächtlichen Insel.

20. HÖREN UND STERBEN
THE BAND – Music From Big Pink (1968)

Was für ein Debüt!!! Nachdem sie als The Hawks die berühmt-berüchtigte 1966-Tour mit Bob Dylan absolvierten, machten sie sich unter dessen Einfluss auf den Weg, änderten ihren Namen zu The Band, lebten in Woodstock und nahmen *Music From Big Pink* auf. Beginnt mit der herzzerreißenden Dylan/Manuel Ballade „Tears Of Rage“, die so soulful und laid back aus den Boxen tönt, dass es die wahre Freude ist. Wem da nicht warm ums Herz wird, dem ist nicht mehr zu helfen. Stimmen, Keyboards, Gitarren und Rhythmen wie aus einem Guss. Mit „To Kingdom Come“ folgt das nächste Juwel, ein Mid-Tempo-Song mit wundervollen Harmony-Vocals. Garth Hudsons Orgelsounds kommunizieren mit Robbie Robertsons elektrischen Gitarrenlicks, Rick Dankos und Levon Helms Rhythmusarbeit sucht ihresgleichen. Weiter im durchgängigen Flow des Albums geht's mit dem traurig-schönen „In A Station“ und dem besänftigenden „Caledonia Mission“. Jahrhundertsong ist „The Weight“ mit perlenden Pianoläufen, schönsten Harmonie-Gesängen und freudvoll-optimistischer Atmosphäre. Die Zeilen „Take a load off Fanny, take a load for free;/Take a load off Fanny, and you can put the load right on me“ sind längst im kollektiven Rock'n'Roll Bewußtsein abgespeichert. Danach hüpfen die Rhythmen von “We Can Talk” ins Ohr. Mit „Long Black Veil“ zieht der Zug weiter. The Band bringt wie auf dem ganzen Album Roots-Rock, Country, Soul und Folk in wunderbarer Art und Weise zusammen. Dann kriegen sie das „Chest Fever“, beginnt mit majestätischer Hudson Orgel und wandelt sich zu einem runden Stück Roots-Rock mit den bekannten Zutaten. Die sanfte Ballade „Lonesome Suzie“ schwebt und hat Seele, Seele, Seele. Von Dylan/Danko ist „This Wheels On Fire“, wie der Songtitel schon sagt mit Rädern unten dran und nicht nur die fangen Feuer. Dylans „I Shall Be Released“ ist und bleibt eine der schönsten hymnischen Songs von gestern, heute und morgen. „I see my light come shining/From the west unto the east./Any day now, any day now,/I shall be released”. Schon das Lesen dieser Textzeilen macht glücklich. *Music From Big Pink* hören und sterben! Real Happiness!

II. 1969-1971 INSEKTEN & ROSEN ODER DIE SCHÖNHEIT DER FINSTERNIS

021. AUTHENTISCH / **CREEDENCE CLERAWATER REVIVAL – Green River (1969)**

022. GEBRANNT UND VERGLÜHT / **JANIS JOPLIN – I Got Dem Ol' Kozmic Blues Again Mama! (1969)**

023. IM NEUEN GEWAND / **FAIRPORT CONVENTION – Liege & Lief (1969)**

024. ERHEBEND / **SCOTT WALKER – Scott 4**

025. BITTERSÜSS / **MICKEY NEWBURY – Looks Like Rain(1969)**

026. SONIC SPIRIT / **QUICKSILVER MESSENGER SERVICE – Happy Trails (1969)**

027. PURE SEELE / **KAREN DALTON – It's So Hard To Tell Who's Going To Love You The Best (1969)**

028. SCHATTEN UND LICHT / **TOWNES VAN ZANDT – Our Mother The Mountain (1969)**

029. WIDERSPRÜCHLICH / **THE BEATLES – Abbey Road (1969)**

030. WEISSE MEMPHIS SEELE / **DUSTY SPRINGFIELD – Dusty In Memphis (1969)**

031. URSCHREI / **JOHN LENNON/PLASTIC ONO BAND – John Lennon/Plastic Ono Band (1970)**

032. INSEKTEN / **SYD BARRETT – The Madcap Laughs (1970)**

033. HARMONIE UND SCHÖNHEIT / **THE GRATEFUL DEAD – American Beauty (1970)**

034. STIMME AUS LICHT / **HARRY NILSSON – Nilsson Sings Newman (1970)**

035. FEUERWERK / **DEREK AND THE DOMINOS – Layla And Other Assorted Love Songs (1970)**

036. HELL BELOW / **CURTIS MAYFIELD – Curtis (1970)**

037. DALLAS ALICE / **LITTLE FEAT – Little Feat (1971)**

038. FRIENDLY SKY / **MARVIN GAYE – What's Going On (1971)**

039. ROSEN, KÜSSE UND LÜGEN / **JONI MITCHELL – Blue (1971)**

040. SCHÖN FINSTER / **LEONARD COHEN – Songs Of Love And Hate (1971)**

Die fruchtbaren Jahre 1969-1971. Jahrzehntwende. Natürlich fällt dem Rock-Musik-Interessierten sofort Woodstock ein, End- und Höhepunkt der Sechziger? Was hier nicht erörtert werden soll. Jedenfalls blühte das populäre Musikgeschehen an allen Ecken und Enden.

Erdig-authentisches wurde von Creedence Clearwater Revival und Little Feat geboten. Stromgitarren-Feuerwerke schossen Derek And The Dominos und Quicksilver Messenger Service ab. Die Soul-Musik erhielt von Marvin Gaye und Curtis Mayfield mehr als eine Frischzellenkur, nicht weniger als meisterliche Konzeptalben (*Curtis*, *What's Going On*) mit brisant-politischen Inhalten, legten sie vor. Weißen Soul der Extraklasse, eine jede auf ihre eigene Art, lieferte Dusty Springfield und Janis Joplin ab.

Fast den Pop-Kontext sprengte Scott Walker mit erhebend-enigmatischen Liedern. Tatsächlich zerschoss er jenen Kontext eindrucksvoll auf seinem exzentrischen Spätwerk mit dem bezeichnenden Titel *Tilt* (1995). Vom Pop-Kontext weit entfernt bewegte sich auch Joni Mitchell auf *Blue*. Zwischen Folk- und Kunstlied gelangen ihr mit überirdischem Gesang schmerzhafte Songs voller Rosen, Küsse und Lügen. Zutiefst berührend.

Die folk- und countryfizierten Singer/Songwriter Mickey Newbury, Karen Dalton und Townes Van Zandt glänzten mit Alben für die Ewigkeit. The Grateful Dead fanden in Folk und Country harmonische songorientierte amerikanische Schönheit. Die UK-Variante nannte sich Fairport Convention, sie überführten britische Folk-Tradition in die damalige Rock-Moderne.

Die Beatles fanden mit *Abbey Road* ihr und das Ende der Sechziger. Danach war der Weg frei für John Lennon/Plastic Ono Band, die Siebziger mit Urschrei-Therapie einläutend. In revolutionär-zerbrochenen Songs kehrte Lennon sein Innerstes nach Außen. Sein Freund und Lost-Weekend-Kumpan Harry Nilsson fand das Licht in fantastischen Randy Newman Interpretationen.

Mit Musik für Insekten und Madcaps verführte der genial-wahnsinnige Syd Barrett. Die Schönheit der Finsternis erlangte Leonard Cohen mit seinen schwarz-romantischen *Songs Of Love And Hate*.

So weit so gut.

Zwanzig Insel-Alben aus drei Jahren:

021. AUTHENTISCH
CREEDENCE CLEARWATER REVIVAL – Green River (1969)

Nicht einfach die Entscheidung, haben sie doch mit *Willy & The Poor Boys* (1969), *Bayou Country* (1969) und *Cosmos Factory* (1970) nahezu gleichwertige Alben mit hervorragendem Songmaterial aufgenommen. Ausschlaggebend für *Green River* war schließlich das schlüssige Gesamtkonzept, welches dem Album zu Grunde liegt. Vordergründig spielen sie schmissigen, gute Laune Rock'n'Roll, der bei näherem Hinsehen und Hinhören von unheilvollen Unterströmungen durchzogen wird. Beginnt mit dem Titelsong, erdig, in typischer CCR-Manier, beinahe idyllisch mit krallenden Gitarrenlicks, die an der Grenze zur Psychedelik glühen. „Commotion" schimmert vor Furcht, „Tombstone Shadow" ist bedrohlich, die Gitarren der Fogerty Brüder wimmern und John Fogertys Gesang hat sowohl rebellisch-leidenschaftliche als auch melancholische Attitüde. Fast entspannt wirkt dagegen „Wrote A Song For Everyone", seelenvollste Performance von John Fogerty mit bittersüßen Untertönen. Was soll ich noch zu „Bad Moon Rising" sagen, ein Jahrhundert-Song, vermittelt pure Rock'n'Roll Freude, die die Zeilen „Hope you've got your things together/Hope you're quite prepared to die" nicht trüben können, im Gegenteil, wir lernen dem gefasst entgegen zu gehen. Wie aus dem Ärmel geschüttelt, so auch „Lodi", jedoch wieder mit bitteren Untertönen. „Cross-Tie Walker" shuffelt und rollt sich gen „Sinister Purpose" mit diesen CCR-typischen wimmernd-heulenden Gitarrenläufen. Dann covern sie „The Night Time Is The Right Time", was ja an und für sich nichts Besonderes ist, doch CCR haucht dem Song voll Inbrunst und Feuer neues Leben ein. Unbekümmerter, rauer und bitter-melancholischer Rock'n'Roll. Schillernd-glühend mit schattigen Flecken, das Cover von *Green River* spiegelnd. Authentisch, it is!

022. GEBRANNT UND VERGLÜHT
JANIS JOPLIN – I Got Dem Ol' Kozmic Blues Again Mama! (1969)

Und wie sie den kosmischen Blues hatte! Und wie sie gebrannt hat! Nichts anderes vermittelt uns das Cover, Joplin im rot-gelben Scheinwerferlicht mit vollem wehendem Haar ins Mikro schreiend. Wenn jemand die Seele auf der Zunge getragen hat und aus tiefstem Herzen aus sich heraus gegangen ist, dann war das Janis Joplin. Sie versucht es wirklich auf „Try (Just A Little Bit Harder)“, steigert sich in einen orgiastischen Rausch. Perfect Natural Screaming! “Maybe” ist Soul pur. Die Kozmic Blues Band schafft eine schwer-schwüle Atmosphäre mit ausgezeichneten Bläsersätzen und Janis’ Stimme strahlt Wärme und Emotion aus, herzzerreißend. „One Good Man“ ist Blues-Rock mit rauer Stimme, in der fordernde Sehnsucht mitschwingt. Ein Funk-Stomper mit zündenden Bläsern, monotonen Rhythmen und brennenden Vocals ist „As Good As You’ve Been To This World“. Aus „To Love Somebody“ von den Gebrüder Gibb macht sie pechschwarzen Soul. Ehrerbietige, schmerzvolle Ballade, das Innerste nach Außen kehrend und die Band soult was das Zeug hält. Harmlos klimpert das Piano auf „Kozmic Blues“, aber nur sekundenlang, dann setzen die Instrumente ein, Janis singt wie entfesselt, schraubt sich in die Höhen und Tiefen ihrer Seele, entfacht ein unerhörtes Feuer. Beste Sängerin ever! „Little Girl Blue“ ist eine kindliche Ballade mit Streichern verfeinert, von Janis warm und wehmütig vorgetragen. „Work Me, Lord“ ist die Fortsetzung von „Maybe“, fast 7 Minuten fleht und betet Janis, schmeichelt, schreit und flüstert. Mehr Gebet als Song. *I Got Dem Ol’ Kozmic Blues Again Mama!* ist feuerrote SOUL-Music. Ein Flammenmeer! Im Oktober 1970 ist Janis Joplins Stern im Alter von 27 Jahren verglüht. Ihre Stimme ist unsterblich geworden.

023. IM NEUEN GEWAND
FAIRPORT CONVENTION – Liege & Lief (1969)

Das beste britische Folk-Rock-Album aller Zeiten? Aber klar doch! Dafür garantieren erst mal Namen wie Richard Thompson, Sandy Denny, Dave Swarbrick, Ashley Hutchings, Simon Nicol und Dave Mattacks. Alte Folk-Traditionals (fünf an der Zahl) im neuen Gewand vorgeführt plus drei Kompositionen von Bandmitgliedern. Deren erste „Come All Ye“, geschrieben von Sandy Denny und Ashley Hutchings, das diesen außergewöhnlichen Reigen eröffnet. Die Band webt einen feinen Teppich, auf den sich Sandy Dennys aufschwingende Stimme legen darf. Swarbricks Violine macht vor wie traditionelles Spiel mit der Moderne von 1969 verknüpft werden kann. In diesem Kontext gesehen steht Richard Thompsons Gitarrenspiel in nichts nach.

Die Song-Reihe mit Traditionals startet mit „Reynardine“, ein zauberhaftes Spiel aus zurückhaltendem Instrumentarium und Sandy Dennys Engelsstimme. Knapp über acht Minuten folk-rocken sie das Liedgut „Matty Groves“. Da zuckt das im Folk verwurzelte Tanzbein. Die Rhythmusgruppe (Ashley Hutchings Bass Guitar/Dave Mattacks Drums) erschafft ein wogendes Fundament, die Gitarren (Richard Thompson/Simon Nicol) funkeln und die Violine (Dave Swarbrick) verzaubert mit schwebend-schwindelnden Sounds. Der temposteigernde improvisiert wirkende Part des Songs hat geradezu hypnotische Kraft. Die Richard Thompson Komposition „Farewell, Farewell“ lässt Sandy Dennys vortrefflichen Sangeskünsten den Vorrang, zart, leise und melodisch untermalt von Gitarre und Violine. „The Deserter“ setzt die Traditionals fort, so auch das instrumentelle „*Medley*: The Lark In The Morning, Rakish Paddy, Foxhunters' Jig, Toss The Feahters“, das sie wieder auf die ihnen eigene Art umzusetzen wissen. Hält das Tanzbein in Schwung. Das über siebenminütige „Tam Lin“ bündelt alle überragenden Eigenschaften von *Liege & Lief.* Ein Folk-Rock-Drama wie es zumindest bis zum heutigen Tag keine britische Band mehr zu Wege gebracht hat. Auf diese Art und Weise haben nur die genialen Turin Brakes mit *The Optimist Lp* (2001) und *Ether Song* (2003) den britischen Folk-Rock ins neue Jahrtausend gebeamt. Nur sie spielen in einer Liga mit Fairport Convention. „Crazy Man Michael“ von Dave Swarbrick/Richard Thompson setzt einen sanft-flüssigen Schlusspunkt mit herrlichen Vocals von der unvergleichlichen Sandy Denny. Das 2002 Reissue von *Liege & Lief* hat mit „Sir Patrick Spens“ und dem psychedelischen fast achtminütigen „Quiet Joys Of Brotherhood“ noch zwei exquisite Bonus-Tracks zu bieten. Listen on: *Fairport Convention* (1968), *What We Did On Our Holiday* (1969), *Unhalfbricking* (1969) so wie die Solo-Alben von Sandy Denny und Richard (&Linda) Thompson!

024. ERHEBEND
SCOTT WALKER – Scott 4 (1969)

Gerade mal 32 Minuten lang, doch die sind so gehaltvoll, anspruchsvoll und auch unterhaltsam, dass man aus dem Staunen und Schwelgen nicht so schnell herauskommt. „The Seventh Seal“ beginnt mit Mariaschi-Trompeten und spanischen

Gitarren. Dann diese Stimme, ein croonender warmer Bariton, der sich weitflächig in den Raum legt. Streicher erheben sich und aus einem dunklen Nichts vernehmen wir dramatische Chorgesänge. Basiert auf dem gleichnamigen Ingmar Bergman Film und klingt nach Morricone Soundtrack. Kleines Liedwunder, das. „Strongest Man“ und „On Your Own Again“ erinnern an Musical-Balladen, unwillkürlich denkt man auch an Frank Sinatra. Wenn das nicht Kompliment genug ist. Erhebend schwingt Walkers Stimme auf „Angels Of Ashes“, atmosphärisch hält sich leicht und schwer die Waage. „Boy Child“ imaginiert einen weiten Horizont, schlagzeuglose scheint es nicht so recht von der Stelle zu kommen, legt sich aber schneeleise auf die Seele. Dem folgt ein leicht beschwingter „Hero Of The War“, wären da nicht die subtil mahnenden Streicher, Ernsthaftigkeit und Ironie reichen sich die Hände. Ungemein lässige Basslinien zeichnen mein persönliches Album-Highlight „The Old Man's Back Again“ aus und Scott singt mit freudigem Optimismus, doch tiefer männlicher Chorgesang lässt dunkle Wolken aufziehen, wieder wird man an Morricone erinnert und mit „old man“ ist vermutlich Stalin gemeint. Enigmatisch. „Duchess“ ist in warme Orgelsounds gebettet und weist zärtliche Streicherarrangements auf. „Get Behind Me“ ist Pop mit elektrischen Gitarren und weiblichen Backing Vocals, nicht weit von den Walker Brothers entfernt. Bezeichnenderweise beenden die „Rhymes Of Goodbye“ dieses grandiose Album. Wage es keiner dies Easy Listening zu nennen. *Scott 4* ist irgendwo zwischen Chanson, Musical, Spector-Pop, Soul mit einigen Folk- und Countryelementen anzusiedeln. Walker (bürgerlicher Name: Noel Scott Engel) hat auf *Scott 4* alle Songs geschrieben. Meisterwerk!

025. BITTERSÜSS
MICKEY NEWBURY – Looks Like Rain (1969)

Wahrscheinlich der am wenigsten Bekannte im Reigen unserer Insel-Alben. Auch sein Tod im September 2001 und das hervorragende Tribute Album *San Francisco Mabel Joy Revisited* (erschienen bei Glitterhouse Records) haben nicht viel daran geändert. *Looks Like Rain* ist ein zart gesponnener, fast andächtiger Zyklus, vorgetragen von einem der wichtigsten Singer/Songwriter, einer der schönsten Stimmen, die irgendwo im weiten Feld von Elvis Presley, Leonard Cohen, Frank Sinatra anzusiedeln ist. Man ist geneigt ihm das Etikett Country-Sinatra anzudichten, ihm damit aber nicht gerecht zu werden. Von anderen Größen gecovert (Elvis Presley, Ray Charles und viele andere), wurde und wird Newbury kaum über Insider-Kreise hinaus wahrgenommen. *Looks Like Rain* beginnt mit Glöckchen, die leise aus einem fernen Nichts kommen, dann setzt die akustische Gitarre ein und schließlich die wundervoll andächtige Stimme Newburys. „Sitting in the dark – in the darkness of my room/I wonder why I look the sky look the sky“, singt er. Seine Texte sind poetisch, dunkel und bittersüß, voll Sehnsucht, Träumen und Liebe. Die einzelnen Songs werden durch Regengeräusche miteinander verbunden, hie und da sind ferne Zuggeräusche zu hören so wie Wind und Donnergrollen. Sanft orchestriert und mit der ersten Nashville-Liga (Kenney Buttrey, Chet Atkins, Wayne Moss, Norbert Putnam, Buddy Spicher, David Briggs und Charlie McCoy) kongenial in Szene gesetzt. Und *Looks Like Rain* ist erst der Anfang, seine nachfolgenden Werke ,*Frisco Mabel Joy* (1970) und *Heaven Help The Child* (1972) sind ebenbürtig. Wer nicht genug bekommen kann, dem sei die 8-CD-Box *The Mickey Newbury Collection* empfohlen, welche seine wichtigen Jahre 1969-1981 abdeckt. Nicht außer Acht lassen sollte man sein Spätwerk ab 1996, stellvertretend seien hier *Lulled By The Moonlight* (1996) und sein letztes fantastisches Studioalbum *Long Road Home* (2001) erwähnt. „Yesterday's newspaper forecast no rain for today/But yesterday's news is old news the skies are all gray" singt er in "Angeline", Zeilen, die immer wieder nachhallen auf seinen späteren Alben, als Refrain seines ganzen Werkes und vielleicht auch seines Lebens. Für die Ewigkeit!

026. SONIC SPIRIT
QUICKSILVER MESSENGER SERVICE – Happy Trails (1969)

Einen treffenderen Beinamen als der eigenwillige Gitarrenheld John Cipollina abbekommen hat, nämlich Wimmerkralle, muss erst mal verdient werden. Spätestens mit dem Zweitwerk *Happy Trails* muss es so weit gewesen sein. Enthusiasmus und Leidenschaft pur. Im Zentrum des Albums steht zweifellos die Live At Filmore eingespielte „Who Do You Love Suite“, welche die gesamte erste Seite des Vinyl-

Albums einnimmt. Die Suite im Einzelnen: startet furios mit „Who Do You Love – Part 1“, mit brummenden verheißungsvollen Tönen eröffnet, in welche die feurigen enthusiastischen Gitarrenlicks von John Cipollina und Gary Duncan tiefe cuts schneiden. Cipollinas Krallen entlocken der Gitarre diese nie zuvor gehörten rasiermesserscharfen Wimmer-Sounds. Das Thema wird weiterimprovisiert mit „When You Love“, ineinander verhakte Gitarrenlicks, filigranes Schlagwerk (Greg Elmore) und brummig wummerndes Bassspiel (David Freiberg). „Where You Love“ ist psychedelisches Freispiel, fliegende Soundfetzen, bohrende Bässe, sägende Gitarren, euphorisierte Stimmen und das Klatschen des Publikums. Dann fährt Cipollinas Wimmerkralle mit „How You Love“ dazwischen. Stromgitarren vom anderen Stern. Jimi Hendrix, Jerry Garcia, Eric Clapton und Duane Allman, große Namen der elektrischen Gitarrenkünste, zu denen auch John Cipollina gerechnet werden muss. Doch weiter mit der Suite, „Which Do You Love“ zeigt das exzellente Bassspiel David Freibergs, das auch auf „Who Do You Love – Part 2“ zur Geltung kommt. Quicksilver Messenger Service schwingt sich nochmals empor, voller Leidenschaft und Euphorie gelangen sie zu einem großen Finale ihrer „Who Do You Love Suite“. Die zweite Seite des Albums geht weiter mit Bo Diddley's „Mona“. Auch hier zelebrieren sie psychedelischen Westcoast-Rock mit wimmernden und vibrierenden Stromgitarren, die freifliegende Sounds in alle Himmelsrichtungen schweben lassen und zum „Maiden Of The Cancer Moon“ hinführen. Cipollina völlig entfesselt, ein Magier mit sonic spirit, frenetisches uferloses Spiel, das ihn auszeichnet. Auch zu vernehmen auf „Calvary“, das zunächst ziellos auf die Reise geht, dann aber über interaktives Gitarrenspiel zum psychedelischen Feuerwerk transformiert, von ganz weit oben ertönen gespenstische Stimmen. Fulminant! Danach wirkt der einzige Studio-Track von *Happy Trails* zunächst wie ein Fremdkörper, hinterlässt aber im Nachhinein genau den richtigen Kick. Die Ruhe nach dem Sturm, was in diesem Falle Westcoast-Folk-Rock vom Feinsten heißen soll. Wäre Cipollina ein fleißigerer Songwriter gewesen, wir hielten wahrscheinlich noch mehr überragende Werke in den Händen als *Happy Trails*, *Quicksilver Messenger Service* (1968) und *Copperhead* (1973).

027. PURE SEELE
KAREN DALTON - It's So Hard To Tell Who's Going To Love You The Best (1969)

Wer bitte schön kennt Karen Dalton? Nur wenige, dabei ist es absolute Pflicht im Besitz dieses Albums zu sein. Von Koch-Records 1997 als CD herausgebracht, sehen wir Karen Dalton auf der Rückseite, links von ihr Bob Dylan, rechts von ihr Fred Neil. Das Foto dokumentiert einen Live Auftritt im Cafe Wha? am 16.02.1961. Bob Dylan wurde ein Weltstar, Fred Neil war und ist ein Geheimtipp, Karen Dalton war kaum dies vergönnt. Depressionen, Alkohol und Drogen bestimmten ihr Leben. Neben dem hier besprochenen Album gibt es lediglich noch den Longplayer *In My Own Time* (1971) von ihr. 1972 wirkte sie bei einem Album der Holy Modal Rounders mit. Hervorzuheben ist ihre außergewöhnliche Gesangphrasierungskunst, der Billie-Holiday-Vegleich hat durchaus seine Berechtigung. Wie sie die Worte tremoliert, Vokale und Konsonanten dehnt, aus der Tiefe einer verletzten Seele auf die Zunge legt und ins Mikrophon presst ist unnachahmlich, erinnert dann zeitweise, neben besagter Billie Holiday, auch ein wenig an Janis Joplin. Daltons Spiel auf der 12-saitigen Gitarre und dem Banjo ist in einem weichen Fluss mit der hervorragenden Begleitband und ihrer Stimme; die Melodien angesiedelt im Folk-, Blues-, Rock- und Jazzumfeld. Gehört mit zum Besten, das vergleichbare Künstler wie Fred Neil, Tim Hardin oder Tim Buckley veröffentlicht haben. Auf *It's So Hard...* finden wir zwei Fred Neil Songs (Little Bit Of Rain, Blues On The Ceiling), einen von Tim Hardin (How Did The Feeling Feel To You), dann Huddie Ledbetter (Down On The Street) und Eddie Floyd & Booker T.Jones (I Love You More Than Words Can Say), um die Bekannteren zu erwähnen. Live in einem New Yorker Studio eingespielt voll melancholischer Emotion. Pure Seele.

028. SCHATTEN UND LICHT
TOWNES VAN ZANDT – Our Mother The Mountain (1969)

Keiner hat soviel Sehnsucht in der Stimme. Sehnsucht nach Liebe, Erlösung, Tod? *Our Mother The Mountain* erschien 1969, van Zandt also im zarten Alter von 25

Lenzen. Die Songs jedoch sind erschreckend erfahren, nahezu altersweise für einen Mann in seinen Zwanzigern. Sein Gesicht auf dem Cover halb im Licht halb im Schatten. Das Album beginnt mit „Be here to love me“ im Licht, ein fast fröhliches Lied, das zum Tanzen auffordert, die Sehnsucht mit viel Hoffnung gepaart. Mit „Kathleen“ folgt die Schattenseite auf dem Fuß, die Sehnsucht schiere Verzweiflung, dennoch oder gerade deswegen sein vielleicht bester Song, wären da nicht so viele andere. Beispielsweise „She Came And She Touched Me“, “St. John The Gambler”, “Tecumseh” oder “Why She's Acting This Way”, um nur Songs vom hier besprochenen Album zu erwähnen. Musikalisch einfach strukturierte Elemente aus Country, Folk und Blues, während „Kathleen“, „Second Lover's Song“ und „St. John The Gambler“ als Minidramen mit genialen Streicherarrangements daherkommen. Doch all dies wäre dem Guten nicht genug, wäre da nicht Townes van Zandts Stimme und die magische Intensität der Songs. Dazu die beeindruckende Poesie, die sich nicht nur in den Songs, nein auch auf dem Papier zu entfalten weiß. Beispiel „Kathleen“: „Maybe I'll go insane, I got to ease the pain./Or maybe I'll go down and see Kathleen.” Zeilen voll melancholischer Schönheit. Ausnahmslos empfehlenswert, nicht nur *Our Mother The Mountain*, sondern alle Alben der 60er und 70er. Einzeln oder als Box (*Texas Troubadour*) erhältlich. „I got no place to be/And I ain't far from home“ lauten die letzten Zeilen des Schlusssongs „Why She's Acting This Way“. Wie Hank Williams an einem Neujahrstag, verstarb Townes van Zandt 1997 im Alter von 52 Jahren. Seine Songs leben weiter. Und wie!

029. WIDERSPRÜCHLICH
THE BEATLES – Abbey Road (1969)

Nicht *Rubber Soul* (1965), nicht *Revolver* (1966), weder *Sgt.Pepper's Lonely Hearts Club Band* (1967) noch *The Beatles (White Album)* (1968). Unbestritten, die aufgezählten sind die klassischen Beatles-Alben und gehören zweifelsohne zu ihren Großtaten. Jedoch erreichten sie auf *Abbey Road* die Spitze ihres musikalischen Könnens, ergo ihr ausgereiftestes und somit bestes Werk. Worüber sich naturgemäß streiten lässt. Geschmacksache, wie man so schön sagt. Geschmack jedenfalls bewiesen die Beatles mit diesem Album. War *Sgt. Pepper's Lonely Hearts Club Band* ein homogenes Konzeptalbum, so ist *Abbey Road* ein zerrissenes, beinhaltet aber die stärkeren Kompositionen und raffinierteren Arrangements. Stilistisch wandeln sie zwischen heavy-rock-artigen Songs („The End“, „I Want You (She’s So Heavy)“, „Come Together“), fröhlichen Pop-Songs (“Maxwell’s Silver Hammer”, “Carry That Weight”), Titeln mit wundervollen Harmony Vocals (“Because”, “Sun King”) und den erstklassigen George Harrison Kompositionen „Something“ und „Here Comes The Sun“. Letzterer gehört in die Top Five der besten Beatles Songs. Ein einfacher, aber sehr poetisch-wirkungsvoller Text unterstreicht die Genialität: „Little darling I feel that ice is slowly melting,/Little darling it seems like years since it’s been clear,/Here comes the sun, here comes the sun,/It’s all right, it’s all right.” Sehr sehr oft wird das Wort Sun in der populären Musik verwendet, doch auf „Here Comes The Sun“ geht sie wirklich auf, ein kleines gelbes Sonnenwunder. *Abbey Road* ist fein gewoben, zerrissen, an losen Fäden hängend, isoliert, ineinander verschlungen. Widersprüchlich im besten Sinne und das Ende der Beatles widerspiegelnd.

030. WEISSE MEMPHIS SEELE
DUSTY SPRINGFIELD – Dusty In Memphis (1969)

In meinem Soul-Regal ist nur Platz für zwei weiße Sängerinnen. Die eine ist Janis Joplin, die andere Dusty Springfield. Das sagt viel, aber nicht alles. *Dusty In Memphis* beginnt beinahe schüchtern mit „Just A Little Lovin“. Auf „So Much Love“ erfühlen und erhören wir sofort all die Seele, die uns Dusty zu geben hat. „Son Of A Preacher Man“ kam ja glücklicherweise durch den Pulp Fiction Soundtrack wieder zu Ehren und zu einem breiteren Publikum. Ein weißer warmer Soul-Ohrwurm, mit allen Zutaten gespickt: große Stimme, fette Bläser, tolle Melodie und astrein arrangiert. Melodramatisch und eigenwillig interpretiert sie Randy Newmans „I Don’t Want To Hear It Anymore“, dezent mit atmosphärischen Streichern verziert. „Don’t Forget About Me“ von Gerry Coffin/Carole King präsentiert Dusty mit schwungvollem Gospel-Flair. „Breakfast In Bed“ hat eine eingängige Melodie mit treppensteigenden Bläsersätzen und himmelwärts gerichteten Streichern. Die zweite Begegnung mit Randy Newman „Just One Smile“ hebt das Sanfte in Springfields Stimme hervor, welch gefühlvolle herzzerreißende Ballade! Das hat so viel Seele, dass uns Tränen der Freude und des Schmerzes aufsteigen. Über „The Windmills Of Your Mind" finden wir „In The Land Of Make Believe". Das Album schließt mit den Gerry Coffin/Carole King Kompositionen "No Easy Way Down" und "I Can't Make It Alone". Carole King soll gesagt haben, dass niemand ihre Songs so gut interpretiert hat wie Dusty Springfield. Dem kann man uneingeschränkt zustimmen. Aufgenommen in den Stax-Studios zeigt *Dusty In Memphis* die ganze Klasse dieser Künstlerin, deren Werk in den 60ern und 70ern mehr als hörenswert zu nennen ist. Auch spätere Arbeiten sind die Anschaffung wert. In den Achtzigern hatte sie mit dem von den Pet Shop Boys komponierten und produzierten „In Private" nennt-es-meinetwegen-einen-Disco-Hit. Wer ihr Masterpiece *Dusty In Memphis* erwerben will, sollte zur Deluxe Edition mit 14 (!) Bonus-Tracks greifen.

031. URSCHREI
JOHN LENNON/PLASTIC ONO BAND – John Lennon/ Plastic Ono Band (1970)

Lennons erstes offizielles Solo-Werk stand ganz im Zeichen seiner Urschrei-Therapie. Mit unerschütterlichem Willen kehrt er uns sein Innerstes nach Außen. Qualvoll schreit er seine Angst und seinen Zorn ins Mikro. Ohne Rücksicht auf die Erwartungen eines Beatles-Publikums, schuf er ein kompromissloses und revolutionäres Werk. Schwer zugänglich und doch melodiös, unfertig, rau und doch großes Songwriting. Vier mal vernehmen wir das Schlagen schwerer Kirchenglocken, bevor wir Lennons Stimme „Mother" rufen hören, dazu klopft Ringo Starr in scheinbar dilettantischer Manier die Trommeln, John lässt vereinzelte Pianotakte nachhallen, Klaus Voormanns Bassspiel hintergründig tief, während sich Lennon in einen Schreirausch steigert: „Mama don't go, Daddy come home". Fast versöhnlich dürfen wir dann schönen Gitarrenharmonien auf „Hold On" lauschen, John zärtlich und wissend. „I Found Out" mit heavy-rock-artiger Gitarre hat Democharakter, pulsiert, fordert, rotiert um die eigene Achse, gepeinigt vorwärts getrieben in seiner Monotonie. Der „Working Class Hero" ist natürlich ein Klassiker, ein eindringlicher akustischer Folk-Song mit den Zeilen "Keep you doped with religion and sex and T.V./And you think you're so clever and classless and free". Das waren Themen, those were the days! Auf die Piano-Ballade "Isolation" folgt „Remember" mit monotonen Piano-, Bass- und Schlagzeugrhythmen, die dann noch eine minimalistische Melodie und Refrain finden, am Ende des Songs setzt Lennon zum Schreien an, dann fällt eine Bombe und wir fallen ins Nichts. Nur noch „Love" kann uns retten. „Well Well Well" mit schleifend krachender Gitarre, die Trommeln klopfen, der Bass tukkert, Lennon schwingt seine Stimme empor, ächzt zynisch und sarkastisch sein „Well well well, oh well", orgiastische Steigerungen, Urschreie, Noise and Punk, Verzweiflung und Hass. Unerhört! Kehrtwende mit „Look At Me", ein folkig-luftiger Song. Dann singt er „God is a concept by which we measure our pain", eine Absage an Alles und Jeden, die Totalverweigerung, außer „I just believe in me/Yoko and me", dazu hören wir auf „God" klare Pianolinien, optimistische Rhythmen, Resignation und Hoffnung in der Schwebe gehalten: „And so, dear friends/You'll just have to carry on/The dream is over". Die Sechziger waren unweigerlich vorbei. Und mit „My Mummy's Dead" löst sich das Album in einer Kindermelodie auf. „I can't explain/So much pain/I could never show it/My mummy's dead" sind die letzten Worte von *John Lennon/Plastic Ono Band*, das auch heute noch unter die Haut und im positivsten Sinne an die Nerven geht. Das ultimative Lennon Werk!!!

032. INSEKTEN
SYD BARRETT – The Madcap Laughs (1970)

Musik für Insekten und andere menschliche Arten, die immer schon wissen wollten wie es sich anfühlt im Hirn eines andern zu wandern. Der ganz normale Wahnsinn unter der Narrenkappe. Fühlt sich äußerst seltsam an heutzutage Syd Barrett mit dem Namen Pink Floyd, deren Gitarrist er in der Tat für die kurze Anfangszeit der Band war, in Verbindung zu bringen. Sei's drum, sein erstes Soloalbum *The Madcap Laughs* entstammt aus einer dem Wahnsinn nahen Welt, in die uns Barrett mit „Terrapin" einführt. Ein Fünf-Minuten-Track, der sich streckt und dehnt auf simplen akustischen Gitarrenakkorden, die sonderbar hypnotisch mit den bewusstseinsströmenden Lyrics tranceartige Zustände hervorrufen können. Zu Risiken und Nebenwirkungen..., sie wissen schon. „No Good Trying" hat volle Bandbegleitung, keine geringeren als Leute von Soft Machine kreieren hier psychedelisch-melodiöse

Geräusche, die bestens mit Syds Vocals und Lyrics (dis)harmonieren. „Love You“ ist Psychedelic Bubblegum Pop von der anderen Seite, if you know what I mean. “No Man’s Land” ist Pop mit der Goldkante, Barrett singt wie im Schlaf. „Dark Globe“ hat bizarre Bilder, Porträt eines Schizophrenen in der ersten Person, Barrett singt zu geklampfter Akustischer, so was macht heutzutage nur noch einer wie Daniel Johnston. Barrett schwankt, wankt und quiekt: „Oh where are you now/pussy willow that smiled on this leaf?/When I was alone you promised the stone from your heart/my head kissed the ground”. Sonderbar beeindruckend. “Here I Go” klingt wie ein Kinks-Demo-Song, charmy. Mit „Octopus“ fährt der bunt schillernde Regenbogen fort, trippy psychedelischer Akustik-Song. „Golden Hair“ hat eine unheimliche Schönheit, Insekten krabbeln unter der Haut. „Long Gone“ klingt humorvoll und beängstigend gleichzeitig, Barretts Stimme wagt sich hoch hinaus. „She Took A Long Cold Look“ wirkt verloren, trotz eingängiger Melodie und “Feel” schunkelt im Folk-Gewand. „If It’s In You“ hat absoluten Democharakter, Barretts exaltierter Gesang nervt auf bemerkenswerte Art und Weise. Mit „Late Night“ enden wir drogenbenebelt und fürchten die gesuchte wahnsinnsnahe Grenze. Süchtig gieren wir nach mehr. Syd Barretts Music of course und greifen zur 3-CD-Box *Crazy Diamond* (1993), die keine Wünsche offen lässt. Für Madcaps und solche die es werden wollen.

033. HARMONIE UND SCHÖNHEIT
THE GRATEFUL DEAD – American Beauty (1970)

Zwei Seiten kennen wir von den Dead. Auf der einen die langen vom Jazz beeinflussten Improvisationen mit langen Gitarrensoli, psychedelische Trips und Bewusstseinsreisen, auf der anderen ihre folkige Herangehensweise, die sie auf *Workingman’s Dead* (1970) und noch besser auf *American Beauty* dokumentieren. Nicht nur amerikanische Schönheit, nein dieses Album ist Musik gewordene Schönheit! Ergreifend schon der Opener „Box Of Rain“, eine Lesh/Hunter Komposition, leicht und mild mit mehrstimmigem Gesang, eine frische Meeresbrise. Auf „Friend Of The Devil“ hüpft Phil Leshs Bass, Garcia singt ganz locker vom Hocker, die Gitarren und David Grismans Mandoline zirpen, ein laid-back Feeling, das sich wie ein roter Faden durch das ganze Album zieht, stellt sich ein. Herrlich wie „Sugar Magnolia“ die

Sonne auf unserer Insel aufgehen lässt. Garcia zaubert rund funkelnde Licks auf der Pedal Steel hervor. Die Harmony Vocals sind nicht von dieser Welt. „Operator“ von Pigpen (Ron McKernan) reitet weiter auf dieser Welle, der Genannte singt und bläst die Harmonica. Noch mehr Schönheit und Harmonie erfahren wir vom „Candyman“, ein leichter Flug in den sonnigen blauen Himmel. Mit „Ripple“ setzen wir uns auf die Veranda in den Schaukelstuhl, ein schattiges Plätzchen in der Mittagssonne, ein erfrischendes Getränk und nichts kann uns jemals wieder in Unruhe versetzen. Auf „Brokedown Palace“ spielt Gast Howard Wales ein unauffälliges, aber um so wirkungsvolleres Piano, langsam und in feinster laid-back Manier das übrige Instrumentarium. Auf Midtempo hochgefahren wird „Till The Morning Comes“, sanft und sorgenfrei erwarten wir den kommenden Morgen. „Attics Of My Life“ singt sich harmonisch in den Himmel, ein Bouquet an Stimmen. Sanft zur Erde zurückgleiten lässt uns „Truckin“, ein Dead-Klassiker, von denen *American Beauty* mehr als reichlich offeriert. Unsere Insel hat viel zu bieten, mit diesem Dead-Album wird sie ein sonniges Sommerwunder. Wunderwunderschön!

034. STIMME AUS LICHT
HARRY NILSSON – Nilsson Sings Newman (1970)

Er singt sie nicht nur, er interpretiert sie mit kräftiger hoher Stimme auf seine unnachahmliche Weise. Komponist Randy Newman spielt das Piano, gefühlvoll, exzellent und lässt doch Nilsson den vordergründigen Part, so dass *Nilsson Sings Newman* zu recht ein Harry Nilsson Solo-Album ist, das untypisch mit elektrischer Gitarre und Tamburinklängen beginnt, bevor „Vine St.“ der Beginn dieses herrlichen Balladen-Piano-Albums wird. „Oh, Anita/Anita/I need some sympathy“ wird in den Anfangszeilen gefordert, Nilssons Stimme schon hier in absoluter Höchstform. „Love Story“, fast sprechend gesungen, was ihm naturgemäß nicht gelingt, Nilsson singt selbst, wenn er zu sprechen glaubt, so ausdrucksstark ist sein stimmliches Vermögen. Die feine Ironie von „Yellow Man“ wird vorzüglich von Newmans verhaltenen Pianotakten und den Background Stimmen unterstrichen, was auch für „Caroline“, allerschönstes Liebeslied, gilt. Ein leiser Wind weht den „Cowboy“ heran, Nilsson lässt erstmals vereinzelte kehlige Laute ertönen. Nilsson und Newman halten auf

„The Beehive State“ Piano und Stimme in der Schwebe, das eine wird Einklang mit dem anderen, das swingt und trifft body & soul. „I'll Be Home“ verspricht immer für den anderen da zu sein, während auf „Living Without You“ das Alleinsein geübt wird. Wenn's denn so einfach wäre in Randy Newman Songs. Der Klassiker „Dayton, Ohio 1903“ zeigt wieder Nilssons exquisiten Gesang, der nicht nur hier allerbestens zu den Newman-Kompositionen und dessen Pianospiel passt, was auch das abschließende „So Long Dad“ beweist. Empfehlenswert die 30th Anniversary Edition von 2000 auf Buddha Records mit dem wunderschönen „Snow“ sowie vier alternativen Versionen von *Nilssonn Sings Newman* Songs. Wer immer noch glaubt Harry Nilsson sei ein One Hit Wonder, siehe „Without You“ vom großartigen *Nilsson Schmilsson* (1971), sollte sich schleunigst *Nilsson Sings Newman* sowie *Pandemonium Shadow Show* (1967), *Aerial Ballet* (1968) und *Aerial Pandemonium Ballet* (1971) besorgen, die drei zuletzt genannten gibt's als DoCD, vorzüglich remastered mit vier Bonus Tracks. Nicht zu vergessen seine Zusammenarbeit mit John Lennon *Pussy Cats* (1974). Harry Nilsson hat eine Stimme aus Licht. Es ist nie zu spät, give him a chance!

035. FEUERWERK

DEREK AND THE DOMINOS – Layla And Other Assorted Love Songs (1970)

Eric Clapton hatte damals die Superstar Erwartungen dicke. Nach dem Ende von Blind Faith zog er sich mit einigen Delaney & Bonnie Mitgliedern zurück und begann das Material für *Layla And Other Assorted Love Songs* aufzunehmen. Der vermeintliche Rückzug brachte sein bestes Album hervor, nicht zuletzt weil ein anderer Ausnahmegitarrist, nämlich Duane Allman, in den Aufnahmestudios zugegen war. Clapton, hoffnungslos in George Harrisons Freundin Patti Boyd verliebt, hatte also den Blues in all seinen Facetten, was sich emotionsgeladen auf das Album übertragen hat. Beginnt mit „I Looked Away“ und „Bell Bottom Blues“ bittend-klagend, hat traurig-schöne Melodien und Clapton singt herzerweichend zu seinen und Allmans leicht-lockeren Gitarrenläufen. „Keep On Growing“ sind hitzige 6 Minuten Blues-Southern-Soul-Rock mit schleifend-spitzigen Gitarrenlicks, ineinander verschlungen wie Rankengewächse, die förmlich in die Höhe schnellen. Die Stimmen Eric Claptons und Bobby Whitlocks harmonisieren in glühender Leidenschaft, was auch für das spätere „Anyday“ gilt. Beim Hören von „Nobody Loves You When You're Down And Out“ stellt sich die Frage warum Blues-Rock so einen schlechten Namen bekam, aber das ist eine andere Geschichte. „I Am Yours“ ist ein zärtliches Liebeslied, luftig, mild und intim. „Key To The Highway“ hat optimistische laid-back Atmosphäre, Duane Allmans unverwechselbare jaulende Slides, die Pfeile mitten ins Herz jagen, treffen auf Claptons feurige Licks. Ja, die haben den Schlüssel gefunden, nicht nur zum nächsten Highway. Klopft an die Himmelstür! Und erfährt mit „Have You Ever Loved A Woman“ eine kongeniale Fortsetzung. Wer hält wen zum Narren? „Tell The Truth“ ist Forderung und Aufforderung. „Why Does Love Got To Be So Sad?“ streut Salz in die Wunde, entfesselte und leidenschaftliche Allman/Clapton-Gitarren, verzahnt und ineinander verhakt, gefährlich lodernd und doch reich an schönem Glanze. Innigste Clapton/Whitlock-Vocals finden wir auf Hendrix' „Little Wing“, die vertrauten Gitarren mit leichtem Hang zur Psychedelik. Chuck Willis' „It's Too Late“ hat viel Lässigkeit, während „Layla“ geradezu blutet. Wogen aus Angst und Schmerz beben in Claptons Stimme, paradiesische Gitarrenläufe schwingen in den höchsten Tönen. Treibt Tränen in die Augen, brennt wie Hölle. Driftet dann mit Akustikgitarren und Pianoläufen versöhnlich ab, langes Fade Out, als müsste das Feuer gelöscht werden. Whitlocks solo vorgetragenes „Thorn In The Garden“ beendet das Album auf einer einsamen Wolke. *Layla And Other Assorted Love Songs* ist Schmerz, Glut und Leidenschaft. Ein zündendes Gitarren-Feuerwerk!

036. HELL BELOW
CURTIS MAYFIELD – Curtis (1970)

Mit seinem ersten Solo Album hat Curtis Mayfield das ganze Soul Genre um eine Dimension erweitert und die Feststellung, dass es sich hier um das „Sgt.Pepper's“ des 70er Soul dreht, hat durchaus ihre Berechtigung. Nicht nur musikalisch reichhaltig, nein *Curtis* ist auch soziales, spirituelles und politisches Statement eines außergewöhnlichen Musikers und Sängers. Einen furiosen Auftakt bildet das über siebenminütige „(Don't Worry) If There's A Hell Below We're All Going To Go“, eine psychedelische Soul-Symphonie, wie sie noch keiner vor ihm zustande gebracht hat. Dass dieser hymnisch-flirrende Soul-Funker bis auf Drei in die Charts gehievt wurde, mutet in heutigen Zeiten fast an ein Wunder. Echos, funky Psych-Guitars, rumorende Basssounds, frei fliegende Percussions und himmlische Orchestrierung in Verbindung mit Mayfields unverwechselbarem Falsett-Gesang, der klagt, fordert und dramatisiert, ergibt schlichtweg nicht weniger als einen Jahrhundert-Song. „The Other Side Of Town“ glänzt durch wogende Bläser- und Streichersätze. Ganz zärtlich vernehmen wir Curtis auf „The Makings Of You“, seine Stimme streichelt die Textpassagen, das Instrumentarium wie ein warmer Strom. Sozial-politische Erfahrungen schlagen sich auf „We The People Who Are Darker Than Blue“ nieder, das ganze wieder allerfeinst arrangiert und produziert, fein gesponnene Ballade, die von einem wilden Zwischenspiel unterbrochen wird. Dann über acht Minuten „Move On Up“, das pulsiert und schwingt sich in einen Groove, bei dem kein Bein ruhig zu bleiben vermag. Das ist auch heute noch mehr als zeitlose Tanzmusik, ein kunstvoll zusammengesetztes Musik-Mosaik, das entspannt und organisch klingt. Der Stolz weiblicher Schwarzer drückt sich in „Miss Black America“ aus. „Wild And Free“ erinnert an Mayfields Zeit mit den Impressions. Der letzte Song auf *Curtis* „Give It Up“ hat wieder diesen speziellen unverkennbaren Curtis-Mayfield-Groove und unterstreicht nochmals mit welch genialem Werk wir es hier zu tun haben. Das reckt sich gen Himmel! Hell Below! Die 2000-Reissue-Rhino-CD-Compilation bietet noch neun lohnenswerte Bonus-Tracks. Sein Werk in den Siebzigern gehört mit zum Besten was die populäre Musikkultur zu bieten hat. Nuff said.

037. DALLAS ALICE
LITTLE FEAT – Little Feat (1971)

Niemals im ganz großen Stil abgeräumt hat diese exzellente Band, die sowohl Roots-, als auch Heavy-Blues-, Southern-, Folk- und Country-Rock mit bizarrer Attitüde unter einen Hut brachte. Mastermind Lowell George, der skurrile Chef der Feat, beweist schon auf „Snake On Everything“ mit welch herausragendem Gitarristen wir es zu tun haben. Tiefe Furchen pflügen seine Slides in die Erde, Southern Comfort Feeling. „Strawberry Flats“ hat hinreißende Refrain-Harmonies, fließendflirrendes Klimperpiano, heiße funky Rhythm & Roll Töne. Das „Truck Stop Girl“ hat einen fröhlich-melancholischen Touch, Bill Paynes Finger fliegen über die Tasten, Southern Grooves at its best. Die „Brides Of Jesus“ mit bestechend schönen Keyboardflächen, herrlichen Gesangsharmonien und Ohrwurmmelodie. Auf „Willin'“ begegnen wir zum ersten Mal Ry Cooder, der die Bottleneck über die Saiten schweben lässt, dazu verhaltene Akustikgitarre und unvergessliche Zeilen wie „i been warped by the rain/driven by the snow/i'm drunk and dirty doncha know/and i'm still oh i'm still/out on the road late at night/i see my pretty alice in every headlight/alice, dallas alice“. Die „Hamburger Midnight“ zeigt einen Lowell George in Höchstform, ausholende Slides, Gänsehaut garantiert und eine Band die auf hoher Flamme kocht, das brodelt und brutzelt bis über den Siedepunkt hinaus. Dann nochmals Gitarren satt mit Ry Cooder auf dem Howlin' Wolf medley „Forty Four Blues/How Many More Years“, sechs Minuten Heavy-Blues-Rock-Stomper mit Harp und kehligem Gesang, dampft und stampft bis die Mauern zittern! Nur bedingte Verschnaufpause mit „Crack In Your Door“, vibrierender Midtempo-Honky-Tonk, diese Gitarren, dieses Piano, famos! Dann schleicht die Ballade „I've Been The One“ um die Ecke mit herrlichen Pedal Steel Licks von dem unvergleichlichen Sneaky Pete, die allerfeinst mit Goerges Gitarre korrespondieren. „Takin' My Time“ hat feine Streicher- und Bläserparts (Kirby Johnson) und träumt uns ins Blau des Covers. Dann entlässt uns der „Crazy Captain Gunboat Willie“ auf skurrile Art und Weise, der Captain genießt den Rum, setzt sich mit einer Ratte auseinander. Auf des toten Mannes Kiste. Tolles Teil, ganz im Geiste der Stones und Gram Parsons. Obwohl die Ecken und Kanten auf dem Nachfolger *Sailin' Shoes* (1972) etwas abgeschliffen wurden, ist auch dieses Little Feat Album absolutes Pflichtteil. Don't forget this band!

038. FRIENDLY SKY
MARVIN GAYE – What's Going On (1971)

Dieses erste famose Soul-Konzeptalbum wäre um Haaresbreite unveröffentlicht geblieben. Barry Gordy befand das Material für nicht kommerziell genug. Was naturgemäß Quatsch mit Soße bedeutet. Dieses Album ist ein langer einzigartig groovender, lässiger, aus dem Ärmel geschüttelter Song. Dance the concept baby, schließlich lässt sich dazu tanzen. Großartig arrangiert von David Van DePitte, zartfließende Streicher, klingende Glöckchen, Pianotupfer, warme Bläser und Gayes Stimme, „flyin' high in the friendly sky", verzaubern den Hörer, wecken Gefühle wie Weihnachten oder fragt „What's Going On" in Vietnam. „Mother,mother/There's too many of you crying/Brother, brother, brother/There's far too many of you dying." und auf „What's Happening, Brother" stellt er fest „War is hell, when will it end". Sündenvergebung, Gnade, Kinder, Krieg, Raketen, Gott ist Liebe, Spiritualität, all das ist Thema, ohne jedwede Esoterik-Peinlichkeit, die sich bei jenen Begriffen heutzutage sofort einstellt. „Mercy Mercy Me (The Ecology)" ist so lässig und leichtfüssig, dass es dem Hörer ein wissendes glückliches Lächeln ins Gesicht zaubert. „Wholy Holy" ist intensiv as intensiv can. Der "Inner City Blues (Make Me Wanna Holler)" ist ein Jahrhundertsong, absoluter Soul-Klassiker, zeitlos schön und mehr als tanzflächentauglich. God is writing this album. God is working through me, soll Marvin Gaye gesagt haben. Und beim ersten Hören der Arrangements soll er geweint haben. Wahrheit oder Legende? *What's Going On* ist ein Wunder. Höre die Deluxe Editon mit dem Alternate Detroit Mix und einem Live Mitschnitt von 1972. „God is my friend". Marvin too.

039. ROSEN, KÜSSE UND LÜGEN
JONI MITCHELL – Blue (1971)

Nie war Plattencover und Musik deckungsgleicher: welch ein Blau und dieser Gesichtsausdruck, der nichts Gutes verheißt. Wohin fliegt diese Stimme, wie hoch will sie hinaus? Wir wollen keine Antworten, nur „traveling traveling traveling". Spartanisch begleitet von Stephen Stills, James Taylor, Sneeky Pete und Russ Kunkel funkeln artsy Folkgitarren, Pianolinien und Pedal Steel. *Blue* birgt ein unergründliches Geheimnis, irgendwie zickig, spröde, sperrig und doch wahr und von anmutiger Schönheit. Ich wünschte ich hätte einen Fluss: im Blau untergehen, tanzen auf den Sonnenstrahlen, die sich in der Dunkelheit verlieren, wo sich dann doch noch ein kleines Grün findet. „The wind is in from africa/Last night I couldn't sleep" heißt es in "Carey" und "Blue, songs are like tattoos" im nach dem Album betitelten Song. Dieser Liederzyklus – als Ganzes muss er gehört werden - brennt sich in die Seele des Hörers. „California“, persönliches und zeithistorisches Gemälde oder doch eher gesungene Short-Story? Rätselhaft und intellektuell verspielt. Joni Mitchells Stimme jedenfalls vergisst keiner, ob man sie mag oder nicht. Wie ein zu schriller Vogel fliegt sie in Deine Gehörgänge, flattert in ungeahnten Höhen. Ihre Lyrics sind wirklich als solche zu bezeichnen, tanzen mit Melodie und Stimme. „Oh you're in my blood like holy wine/You taste so bitter and so sweet/Oh I could drink a case of you, darling/ And I would still be on my feet“, unter die Haut gehende Zeilen, vollendete Liedkunst! Ein filigranes Werk voller Rosen, Küsse und hübscher Lügen. „All good dreamers pass this way someday/Hidin' behind bottles in dark cafes“. Leiden als Schönheit und umgekehrt: das wahre Blau!

40. SCHÖN FINSTER
LEONARD COHEN – Songs Of Love And Hate (1971)

Das Cover: Cohen lacht. Über ihm die großen Buchstaben leuchtend weiß auf tiefschwarzem Hintergrund. Liebes- und Hasslieder. Nicht sauber getrennt, wie im richtigen Leben. Eindringlich, auf seine unnachahmliche Art, zupft und klampft er die Akkorde. Monoton stimmt er sprechsingend an: „I stepped into an avalanche/It covered up my soul“. “Avalanche“ ist die Eintrittskarte zum Soundtrack pechschwarzer Finsternis, düsterer Romantik und suizidaler Stimmungen. „The rain falls down on last year's man,/an hour has gone by/and he has not moved his hand“ heißt es in „Last Year's Man“. Leonard Cohen streichelt seine Lyrics, fast liebevoll von Spott und Ekel zersetzt; man höre wie er in „Dress Rehearsal Rag“ das Wort Rag dehnt und angewidert, beinahe aggressiv, ins Mikro zwängt. Ähnlich verfährt Cohen auf „Diamonds In The Mine“. Mit „Love Calls You By Your Name“ gelingt ihm ein dunkelromantischer, absolut herrlicher Song. Aus den Schattengebilden tönen Streicher, an- und abschwellend, von Paul Buckmaster genial arrangiert. Fast zärtlich singt er „Famous Blue Raincoat“, gar hymnisch „Sing Another Song, Boy“ mit den wundervollen Zeilen „But let's leave these lovers wondering/why they cannot have each other./and let's sing another song, boys,/this one has grown old and bitter”. Die weiblichen Background Vocals harmonisch schön. Doch all dies ändert nichts an der gespenstischen Atmosphäre des Albums. In sieben tranceartigen Minuten sinniert er abschließend über „Joan Of Arc“. Dunkle Schatten auf die Seele geworfen. Als wären wir in einem Antonioni s/w Film der 60er. „And wasn't it a long way down/wasn't it a strange way down”. Und ob. Nachts oder in den ganz frühen Morgenstunden hören. Die Schönheit der Finsternis!

III. 1971-1978 LOVE, LUST, LAVENDEL VS. EUPHORIE & ANARCHIE

041. STERNENSTAUB / **T.REX – Electric Warrior (1971)**

042. SOUTHERN ROCK HEAVEN / **THE ALLMAN BROTHERS BAND – At Filmore East (1971)**

043. ELEGANT UND BITTER / **RANDY NEWMAN – Sail Away (1972)**

044. LOVE & PREACHER MAN / **AL GREEN – I'm Still In Love With You (1972)**

045. INTIME DISTANZ / **NICK DRAKE – Pink Moon (1972)**

046. FLIEGT WIE EIN SCHMETTERLING / **GENE CLARK – White Light (1972)**

047. LUST UND LEIDENSCHAFT / **THE ROLLING STONES – Exile On Main Street (1972)**

048. LAVENDEL UND FRÜHLING / **JOHN CALE – Paris 1919 (1973)**

049. HERZERWEICHEND / **GRAM PARSONS – GP (1973)**

050. DAS UNBEKANNTE TIER / **IGGY AND THE STOOGES – Raw Power (1973)**

051. LET THE MUSIC KEEP OUR SPIRITS HIGH / **JACKSON BROWNE – Late For The Sky (1974)**

052. JUST PISSING IN THE WIND / **NEIL YOUNG – On The Beach (1974)**

053. THE BOSS / **BRUCE SPRINGSTEEN – Born To Run (1975)**

054. HEXE UND GÖTTIN / **PATTI SMITH – Horses (1975)**

055. EUPHORISIEREND / **JOHN MARTYN – Live At Leeds (1976)**

056. ANARCHIE / **THE SEX PISTOLS – Never Mind The Bollocks Here's The Sex Pistols (1977)**

057. HYPNOTISCH / **TELEVISION – Marquee Moon (1977)**

058. ONE TWO THREE FOUR / **RAMONES – Rocket To Russia (1977)**

059. WIPPEN UND SCHWELGEN / **THE CONGOS – Heart Of the Congos (1977)**

060. LOVERS BIZARRE / **BIG STAR – Third/Sister Lovers (1978)**

1971-1978, Zeitabschnitt der Gegensätze. Die Pop-Musik driftet ab in fragwürdige Bombast- und Klassik-Rock-Gefilde. Dessen ungeachtet lassen sich einerseits auch lustvoll-leidenschaftliche Tendenzen ausmachen, andererseits liegen Depression und bleierne Zeiten nicht nur über den Musiklandschaften. All dies Nährboden für Punk, der zunächst der Musikindustrie den Stinkefinger zeigt, indem er kleine, unabhängige Labels gründet. Euphorie und Anarchie wehen durch alle Lüfte. Jeder ist ein Künstler. New Wave wird das nächste große Ding und öffnet Räume für alle Stile. Einschließlich Disco.
Warum auch nicht, wenn diese mit Love Songs des besten Soul-Sängers aller Zeiten zu grooven weiß. Al Green, unser Love & Preacher Man, der mit seinen Siebziger-Alben auf Hi-Records zu Recht absoluten Kultstatus genießt. Seele haben auch die Country-Rock-Love Songs von Gram Parsons, der mit Emmylou Harris' Engelsstimme herzerweichende Harmonie-Duette ablieferte.
Frühe einzigartige Punk-Rock Entwürfe gelangen Iggy And The Stooges, die mit wild-animalischer Attitüde allerbesten asskicking Rock'n'Roll zustande brachten, während Patti Smith ein wegweisendes Beat-Poetry-Punk-Album gelang. Produziert von John Cale, der mit *Paris 1919* ein nach Lavendel duftendes Frühlingswerk erschuf. Trotz leicht melancholischen Untertönen führten uns Jackson Brownes Songs direkt zur Westcoast Sonne. Ins weiße Licht fliegen wir mit Gene Clark, der zu den fünf besten Singer/Songwritern aller Zeiten gerechnet werden muss. Der Boss verkündete ein spectorianisch-optimistisches *Born To Run* und die Rolling Stones spielten lustvoll-fiebrigen Swamp-Rock. T.Rex erfand so ganz nebenbei den Glam-Rock.
Mit bitter-sarkastischer Eleganz segelte Randy Newman zu bizarren Singer/Songwriter Ufern. Die bleiernen Zeiten schwangen in den depressiv-melancholischen Meisterwerken von Nick Drake und Neil Young mit. Das beeindruckende *Third/SisterLovers* von Big Star lotete den schmalen Grad zwischen Frustration und Inspiration aus.

Der Brite John Martyn und die Allman Brothers Band aus den Südstaaten glänzten mit feurig-euphorischen, in die Länge gezogenen Live-Improvisationen. Lee Perry lehrte uns die Wichtigkeit von Produktion und Mix, sprich: Dub-Reggae und wir fanden das *Heart Of The Congos*.
Punk happened, schlug ein wie eine Bombe, ob nun die britisch-anarchische Version aka The Sex Pistols oder augenzwinkernd amerikanisch in Form der Ramones. Den

intellektuellen New-Wave-Punk-Rock verkörperte Television mit hypnotischen Stromgitarren und Angst-Poetry.

Doch der Reihe nach:

041. STERNENSTAUB

T.REX – Electric Warrior (1971)

Der Schritt vom Folk-Rock zum Glam-Rock, bestens anhand dieser Band nachzuvollziehen. *Electric Warrior* hat zwar noch semi-akustische Balladen, deren Groove jedoch mehr Kraft und Schwung vermittelt als die vorangegangenen Aufnahmen (vor allem als Tyrannosaurus Rex) und voila, wir halten das erste Glam-Rock-Album in Händen. War damals eine Teenager Band, you can call it Boy Group these days. Mehr geschätzt von weiblichen Fans, während die männlichen damals heimlich oder Jahrzehnte später ihre Liebe zu T.Rex eingestanden. That's Rock'n'Roll Zeitgeschichte, manchmal schwer zu verstehen, wenn nicht selbst erlebt. „Mambo Sun" eröffnet *Electric Warrior* mit sexy Hüftschwung und mit Lyrics zwischen Nonsens, Mystik und Science Fiction. „Beneath the bebop moon/I'm howling like a loon for you./Beneath the mambo sun/I've got to be the one for you." Spitze Falsett-Schreie und Chöre, die sich in „aaaaahhhhhs" verlieren und schwelgen, schmissige Gitarrenakkorde und prägnante Rhythmen. „Cosmic Dancer" hört man die Tony Visconti Produktion an, die Falsett-Chöre, Space Gitarren, Streicher und Bolans märchenhafte Stimme fließen ineinander. „Jeepster" ist klassische Teenage-Hymne mit unwiderstehlichen Hooks und sexy Schreien. „Monolith" ist verträumt mit sich hochschraubenden Gitarren, die sich übertrieben winden und dann den Blues kriegen, Bolan schwärmt, fordert und verzweifelt. „Lean Woman Blues" ist Glam-Rock-Blues, der sich faul in der Sonne aalt. Wenn ich nicht irre war „Bang A Gong (Get It On)" ihr zweiter Charts-Hit. „Well you're dirty and sweet/Clad in black/Don't look back/And I love you/You're dirty and sweet oh yea." Genau wie diese Zeilen klingt dieser Song. Die sexiest riffs, die der Glam-Rock zu bieten hat, schmutzig und süss. Der Soundtrack zum pubertären Petting, was als absolutes Kompliment zu verstehen ist. Dann transformiert die „Planet Queen“ zum „Girl“ oder doch eher zum Jungen oder gar Gott. „The Motivator“ hat wieder märchenhaftes zu bieten. Auf „Life’s A Gas” hören wir den Sternenstaub fallen oder sind es die Flügelschläge eines Engels? Theatralische Hard-Rock Gefilde mit Saxophon und halsbrecherischen Haken finden wir auf dem finalen „Rip Off“. Bolan zeigt, dass er auch den kehligen Gesang drauf hat. Ein zeitloses Album, sie sind und waren die Könige des Glam-Rock. Play it loud!

042. SOUTHERN ROCK HEAVEN
THE ALLMAN BROTHERS BAND – At Filmore East (1971)

Zweifelsfrei eines der besten Live-Konzerte, das je veröffentlicht wurde. Seinerzeit auf Capricorn als Vinyl-DoLP mit dem berühmten s/w-Klappcover, vorne die lachenden Allmans, hinter ihnen die Verstärker-Türme und auf der Rückseite dasselbe Motiv, statt den Musikern die Roadies abgebildet. Interaktion und Improvisation sind die bestimmenden Elemente dieses großartigen Albums. Gewissermaßen wurde hier das Prinzip von Live Jazz Sessions auf Southern Rock übertragen. Spielfreude pur herrscht vom ersten Takt an vor. Der „Statesboro Blues“ zündet und reißt mit. Wie sie dieses Willie McTell-Stück zu einem völlig neuen und eigenen umwandeln ist einmalig; was sich mit dem Elmore James Klassiker „Done Somebody Wrong“ fortsetzt. Auf T-Bone Walkers „Stormy Monday“ breitet Gregg Allman warme Keyboardflächen aus, seine Stimme hat so viel Blues und Soul, wie nur wenige Weiße, Duane Allmans Gitarre ist vom anderen Stern, seine Slides sind unverwechselbar und genial, was auf das ganze Album zutrifft und insbesondere auf „You Don’t Love Me“, ein 20minütiges Feuerwerk. Pure Spielfreude, die greifbar scheint. Überschwängliche Gitarren von Dicky Betts und Duane Allman, völlig ausgelassen, wild und filigran spielen sie sich in freudvolle Ekstasen, Gregg Allmans Finger sieht man förmlich über die Keyboards fliegen, seine Stimme kratzt und soult, Berry Oakleys tiefes und breites Bassspiel verbindet sich mit dem Schlagzeug- und Perkussionsspiel von Jai Johanny Johanson und Butch Trucks zu einem freilaufenden leidenschaftlichen Spiel. Im Zusammenhang Allman Brothers Band sind zwei Schlagzeuger kein Luxus. Ihr Spiel ist mehr als mannschaftsdienlich, eher schon offensiv ausgerichtete Defensivkräfte mit hohem Kreativpotential. *At Filmore East* hat und macht Spaß, bringt das Herz zum Hüpfen, bewegt Körper und Seele. Phantastisch wie sie harmonieren, in ihrem Spiel aufeinander reagieren. Weitere Beweise sind die Allman Brothers Komposition „Hot Lanta", ein instrumentales Feuerwerk, dem Dicky Betts' „In Mermory Of Elizabeth Reed" in Nichts nachsteht. Kann dem noch eins drauf gesetzt werden? Höre Gregg Allmans 23minütiges „Whipping Post" und fliege gen Southern Rock Heaven, der leider viel zu früh Duane Allman und Berry Oakley zu sich nahm. *Eat A Peach* (1972) enthielt dann weiteres Filmore Live Material, sowie ausgezeichnete Studio-Tracks. Gregg Allman ist heute noch aktiv und kehrte mit der Allman Brothers Band 2003 mit dem eindrucksvollen *Hittin' The Note* zurück. The road goes on forever!

043. ELEGANT UND BITTER
RANDY NEWMAN – Sail Away (1972)

Sein drittes Album. Mittig zwischen seinem groß orchestriertem Debüt und dem eher stripped-down und Rock orientierten *12 Songs*. Beginnt mit dem Titelsong, fein orchestriert und arrangiert, trefflichst im ureigenen Sprechgesang-Stil vorgetragen singt er mit derb-herber Ironie: „In America every man is free/To take care of his family/You'll be as happy as a monkey in a monkey tree/You're all gonna be an American". Auf „Lonely At The Top" sind gut die Ragtime- und Filmmelodieeinflüsse Newmans herauszuhören, ein bitterer eleganter Song über die Einsamkeit an der Spitze: „All the applause – All the parades/And all the money I have made/Oh, it's lonely at the top". Sarkastisch und genial arrangiert erfahren wir „He Gives Us All His Love", Newman scheint die Tasten seines Pianos nur anzutupfen, die Streicher schwelgen, dem Thema entsprechend, himmlisch. Wenn man den Text als solchen betrachtet kann er auch durchaus wörtlich genommen werden. „Last Night I Had A Dream" schwankt zwischen Ballade und Mid-Tempo, unverwechselbare Slides von Ry Cooder, typische Newman-Pianotupfer und seine gepressten, doch immer klaren Vocals geben dem Song seinen Charakter. Nicht zu vergessen Jim Keltners dezente, aber wirkungsvolle Drums. Wieder Ragtime/Movie-Feeling kommt bei „Simon Smith And The Amazing Dancing Bear" auf. Trotz aller Ironie, Sarkasmus und Zynismus müssen Randy Newman Songs ernst genommen werden. Er ist keiner dieser hohlen TV-Narren, wie wir sie heute dutzendweise ertragen müssen, er setzt sich mit Themen auseinander und auf „Old Man" heißt es „You don't need anybody/Nobody needs you/Don't cry old man, don't cry/Everybody dies". Wenn das keine bitter-süßen Tränen sind. Mit „Political Science" fliegt uns wieder eine kleine Ragtime-Melodie entgegen, die auch auf „Burn Out" durchschimmert, wundersam arrangiert mit Streicher- und Bläsersätzen, höhnisch-sanft von Randy gesungen. Eine fast klare und eingängige Melodielinie ist auf „Memo To My Son" zu erkennen. Auf „Dayton, Ohio – 1903" kann er sogar „richtig" singen, ein almost klassischer nur-Gesang-Piano-Song. Wieder im Mid-Tempo-Rock-Bereich ist „You Can Lean Your Hat On" anzusiedeln, ein absoluter Newman-Song, den auch ein Joe Cocker im Dudelfunk nicht kaputt bekommen hat. „God's Song (That's Why I Love Mankind)" beschließt *Sail Away* eindrucksvoll, Randy Newman bündelt hier nochmals all sein Können, nur vom Piano begleitet lässt er den Herrn persönlich zu Wort kommen: *„You all must be crazy to put your faith in me/That's why I love mankind/You really need me/That's why I love mankind"*. Göttlich!

044. LOVE & PREACHER MAN
AL GREEN – I'm Still In Love With You (1972)

Der Preacher- und Love Man in einem. Dieser Gesang: gepeinigt, ekstatisch, smoothy, soulful. Bester Sänger aller Zeiten. Verspricht uns "Love And Happiness". Schraubt sich in Höhen der Gesangskunst mit spitzen Schreien oder schmilzt samten dahin, kluckst und gurrt, erotisiert, klagt an und umschmeichelt, trägt seine Seele auf der Zunge. Eingebettet in die Willie Mitchell Hi-Records typische 70er Produktion, von Streichern getragen mit weiblichen Backing Vocals und aufschwingenden Bläsern, ein fiebriger Sound exakt auf den Punkt hin von hervorragenden Musikern in Memphis eingespielt. „I'm Still In Love With You", unaufdringlich, doch hymnisch, schmachtet und seufzt, eine emotionsgeladene Soul-Ballade, die ihresgleichen sucht. „Love And Happiness" zwingt uns das Tanzen geradezu auf, die pure Seelenenergie, Liebe und Glück wird spür-, beinahe greifbar. Was er aus Kris Kristoffersons „For The Good Times" macht: eine sensationell vorgetragene Ballade, ein wahres echtes Liebeslied, fast 7 Minuten Country-Soul vom Feinsten. „Simply Beautiful" wird von einer simplen Melodie auf der akustischen Gitarre getragen und ist doch allerfeinst arrangiert. „What A Wonderful Thing Love Is“ ist voll Wärme, echtem Gefühl, einfach in der Aussage, aber wahrhaftig. „Look What You've Done For Me“ kommt ohne Vorwurf und Anklage aus, wirkt fast lässig und optimistisch, hinterlässt doch einen Hauch Wehmut und Traurigkeit, welchen auch die Bläsersektion nicht ganz hinwegfegen kann. Wäre unsere Insel eine Stimme, sie trüge den Namen Al Green! Praise the Lord. Und die Liebe, of course! Was für ein Sänger. Unbelieveable!!!

045. INTIME DISTANZ
NICK DRAKE – Pink Moon (1972)

Intensität und Magie in Reinkultur. Knapp 29 Minuten Nick Drake pur: Gesang, Gitarre, Piano. Aufgenommen in zwei Nächten, die meisten Songs in einem Take. „I saw it written and I saw it say/Pink moon is on its way“. Dunkle Selbstreflexion, vorgetragen mit dieser fliegenden, zarten, in sich nach außen gekehrten Stimme, die wie eine Schaukel zwischen Melancholie und Depression schwingt. Die Songs vermitteln intime Distanz und verzweifelte Nähe. Was immer das heißen und bedeuten soll. Die Texte erzählen vom pinkfarbenen Mond, der Straße zu den Sternen, von den Dingen hinter der Sonne, vom Dasein als Parasit, vom Spielen des Spiels und durch alle Zeilen wehen die Lüfte der Einsamkeit und Entfremdung. Beim Lesen wirken sie in relativer Klarheit, bei näherer Betrachtung kryptisch. „And once you've seen what they have been/To win the earth just won't seem worth/Your night or your day/Who'll hear what I say”, lauten Zeilen aus “Things Behind The Sun”. Drakes Gitarrenspiel ist monoton, einfach, aber so fließend-luftig und mit seiner Stimme eins werdend, dass es ein Genuss ist. Selbstentblößt und schutzlos erschuf Drake ein sensitives poetisches Kunstwerk, dass man aus dem angstvollen Staunen kaum herauskommt. Nach den Aufnahmen zu *Pink Moon* und dem ausbleibenden Erfolg, schrieb er nur noch wenige Songs. Im November 1974 verstarb Nick Drake an einer Überdosis Antidepressiva. Sein Gesamtwerk umfasst vier Alben, die sowohl einzeln, als auch als Box (*Fruit Tree*), welche alle Lyrics enthält, erhältlich sind. Unverzichtbar in jeder Sammlung.

046. FLIEGT WIE EIN SCHMETTERLING
GENE CLARK – White Light (1972)

Gründungsmitglied der famosen Byrds und einer der Väter des Country-Rock. Außergewöhnlicher Singer/Songwriter der Extraklasse, der spielerisch leicht Folk, Country, Blues und Rock als Ganzes vorführt. *White Light* startet mit „The Virgin". Brummender Bass und dezentes Schlagzeugspiel als Fundament für Clarks eindringliches Gitarren- und Harpspiel, sowie seine natürlich-schwingende Stimme. „It was more like a dream than reality" beginnt er "With Tomorrow" düster-melancholisch vorgetragen, eine der schönsten und romantischsten Balladen, die ich kenne. Fliegt wie ein Schmetterling dem Sonnenuntergang entgegen. Relaxed und fröhlich gestimmt blicken wir zum „White Light" mit countryfizierter Melodie und Clarks warmem Timbre, das für entspannte Atmosphäre sorgt. „Because Of You" legt einen Orgelteppich aus, auf dem Genes Stimme organisch fließen kann, zart-akustisches Gitarrenspiel und stimmige Percussions runden den Song vortrefflich ab. Naturbelassen und bittersüß! Mit „One In A Hundred" lässt's sich bestens auf der Veranda schaukeln. Laid-back! Schmerzhaft-intensiv berührt uns "For A Spanish Guitar", atmosphärisches Gitarrenspiel, leidenschaftliche Harp und schwärmerischer Gesang. Das Gleiche gilt für „Where My Love Lies Asleep". Herz, was willst Du mehr? Vielleicht die Dylan/Manuel Komposition „Tears Of Rage", an die sich Gene Clark scheinbar behutsam herantastet, verhaltener und zärtlichster Gesang, die Begleitmusiker schmeicheln relaxed. Der Schlusssong „1975" unterstreicht nochmals welch formidabler Singer/Songwriter Gene Clark ist. Unverzichtbar die CD-Version mit 5 Bonus-Tracks, darunter der Ben E.King Hit „Stand By Me" und das peinvoll-schöne „Winter In". Emphatisches Werk!

047. LUST UND LEIDENSCHAFT
THE ROLLING STONES – Exile On Main Street (1972)

Schwere Entscheidung: *Sticky Fingers* oder *Exile On Main Street*? Je nach Stimmung, schlägt das Pendel aus. Hier und heute soll es *Exile On Main Street* sein. Der pure Stoff. Hitzig und schweißtreibend, hohes Fieber. Aufgeblasen und arrogant, das ganz große Brodeln. In „Rocks Off" heißt es „I'm zipping through the days at lightning speed./Plug in, flush out and fire the fuckin' feed./Heading for the overload,/Splattered on the dirty road,/Kick me like you're kicked before,/I can't even feel the pain no more". Rock, Soul, Blues, Funk im Kessel gemischt und zum Dampfen gebracht. Ein Vinyl Doppel Album, das man riechen kann: scharf, stinkig, derb. Ein Sumpf, der am Körper klebt. Jagger streicht sich die Matte aus dem Gesicht, frierend und schwitzend zermalmt er die Texte, großmäulige Eleganz. „Grotesque music, million dollar sad./Got no tactics, got no time on hand./Left shoe shuffle, right shoe muffle,/Sinking in the sand." gibt Jagger im "Casino Boogie" zum Besten. Keith Richards spielt seine typischen Riffs, was sollte er auch sonst tun. Charlie Watts und Bill Wyman setzen ein erdig schwankendes Fundament. Mick Taylors Gitarre bluest und rockt Hölle. Die Bläser prusten sich auf und das Piano rollt pulsierend. Schimmelschlieren zersetzen die Wände, Swamp Music aus alten dunklen Gewölbekellern. Lustvolle Leidenschaftsmusik, herauszuhören beispielsweise auf „Happy" und „Tumbling Dice", wo es heißt: „'Cause all you women is low down gamblers,/Cheatin' like I don't know how,/But baby, baby, there's fever in the funk house now./These low down bitchin' got my poor feet a itchin',/Don't you know how the deuce is still wild". 67 überhebliche und ungeschliffene Minuten. Wie rollende Steine. Danach kam *Goats Head Soup*. Dann begannen die 70er anders zu riechen.

048. LAVENDEL UND FRÜHLING
JOHN CALE – Paris 1919 (1973)

Die andere Seite von John Cale. Keine avantgardistische Kratz-Violine, keine experimentellen Klassik- oder Poesiecrossover, sondern wundersam-melodiöse und elegante Pop-Musik bietet uns Mister John Cale auf *Paris 1919*. Singer/Songwriter im allerbesten Sinne. Im weißen Zwirn blickt er uns halb lächelnd, halb misstrauisch vom Cover entgegen. Eine weiße milde Sonnenmelodie bietet uns das Eröffnungsstück „Child's Christmas In Wales", während „Hanky Panky Nohow" von akustischer Gitarre, warmen Keyboardflächen und fein arrangierten Streichern gezeichnet wird, Cales Gesang sanft und weit. Mit „The Endless Plain Of Fortune" können wir in allerschönster Dramatik schwelgen, erhebende Streicher und weiche elektrische Gitarrensounds mit mild-lieblichem Cale-Gesang in alle Himmel schwebend. Sterne und Wunder geschehen hier! Auch auf „Andalucia“, schwerelos und akustisch-zart. Luftig-Duftig, Lavendel und Frühling! „Macbeth“ fängt dann tatsächlich an zu rocken ohne das Stimmungsbild zu brechen. Der Titelsong bringt uns das monoton hämmernde Cale-Piano und minimalistische Streicher. „Graham Greene“ ist ein fast „normaler“ Rock-Song, „Half Past France“ führt uns wieder in die weißen Gefilde des Albums zurück. Keyboards und elektrische Gitarren zerschmelzen unter einer frühlingshaften Wintersonne, Cales Sehnsucht lautet: „We're so far away/Floating in this Bay/We're so far away from home/Where we belong“. Am Ende heißt es „Antarctica Starts Here“. John Cale flüstert zum elektrischen Piano, die Worte schleichen um die runden musikalischen Ecken, aus einem fernen Nichts steigen Streicher empor und dann herrscht Stille. Wir erinnern uns an das Gehörte und träumen vom weißen Licht. Fast alle John Cale Werke sind mehr als hörenswert. Neben dem überirdischen *Paris 1919* muss unbedingt noch *Vintage Violence* (1970) und *Music For A New Society* (1982) im Regal seinen Platz finden.

049. HERZERWEICHEND
GRAM PARSONS – GP (1973)

Gram Parsons hat die Barrieren zwischen Country und Rock aufgebrochen, wurde so zum Begründer dieser Stilrichtung. Sein erstes Solo-Album, schlicht *GP* benannt, bringt sein Talent als Interpret und Singer/Songwriter am Deutlichsten hervor. Mit “Steel Feeling Blue” zaubert Parsons einen schwungvollen Country-Rock-Song aus dem Hut. “We'll Swept Out The Ashes (In The Morning)” lebt vor allem von den schmissigen Harmony-Vocals zwischen Parsons und Emmylou Harris. Das Herzstück des Albums ist die Gram Parsons Komposition „A Song For You“, eine Ballade mit rätselhaften lyrics „Oh, my land is like a wild goose/wanders all around everywhere“. Untermalt von feinen Fiddle-Sounds auf einem kostbar gewebten Orgelteppich und engelsgleichen Emmylou-Vocals, versonnen und sehnsüchtig. Bittersweet Harmonies! „Streets Of Baltimore“ wird von melodischen Pedal-Steel-Linien getragen. Nach „A Song For You“ hat GP mit „She“ eine weitere „Killerballade“ zu bieten, unwirklich herrliche Pedal Steel Licks in Verbindung mit Parsons zärtlich-beseelten

Vocals, einfach herzerweichend schön. „That's All It Took", ein Midtempo-Honky-Tonk mit eingängiger Melodie, weist wieder alle bekannten Qualitäten auf. "The New Soft Shoe" und „Kiss The Children" ziehen den Country-Rock-Zug unbeschwert weiter, während „Cry One More Time" von Bläsern getriebener Rhythm'n'Blues vom Feinsten ist. Parsons zeigt wo der Country den Soul hat. Mit „How Much I've Lied" und "Big Mouth Blues" schließt GP in seiner spielerischen Leichtigkeit, die nie in Kitsch oder Soft-Rock-Gefilde abgleitet. Vielmehr haben wir es mit einem schmerzhaft-schönen Album zu tun, das mit jedem Hören noch wächst. Klar, Mann, Klassiker!!!

050. DAS UNBEKANNTE TIER
IGGY AND THE STOOGES – Raw Power (1973)

Pures Dynamit! Zornig, dreckig und rau! *Raw Power*!!! Die Stooges, seinerzeit von David Bowie unter die Fittiche genommen, schufen mit Raw Power das allererste Punk-Rock-Album. Mehr als eine Pionierleistung. Mit „Search And Destroy" entfachen sie ein Gitarren-, Bass- und Schlagzeuggewitter, das seinesgleichen sucht und zerstört. Iggy singt (sofern das noch als Gesang durchgeht) mit jaulend-heulender Schreistimme „I am a world's forgotten boy/the one who searches and destroys". Und wir glauben ihm aufs Wort. Apokalyptisch! Dagegen wirkt „Gimme Danger" zunächst relativ verhalten, bis Pop finstere und nihilistische Vocals ausspuckt und plötzlich laute Gitarreneruptionen aus der Dunkelheit brechen. „Your Pretty Face Is Going To Hell (Originally titled „Hard To Beat")" hat schneidend hohe Gitarren, die an deinen Nervenenden nagen wie Ratten an Eingeweiden und Iggy Pop kotzt Textbrocken aus. Eine körperliche Bedrohung! Die ersten Takte von „Penetration" sind almost Wohlklang, doch dann ergießt James Osterberg (sein bürgerlicher Name) seine blutigen Wortströme und schickt uns alle zur Hölle. Der Titelsong ist Headbanging P-U-N-K-R-O-C-K! „Raw Power got a magic touch/raw power is much to much" und Iggy ist der wahnsinnige grinsende schwarze Magier, James Williamson (Guitars), Ron Asheton (Bass and Vocals) und Scott Asheton (Drums) sind die zähnebleckenden Biester. „I Need Somebody" klopft böswillige Rhythmen, während die Gitarren, zumindest phasenweise, so etwas wie Feingefühl aufkommen lassen.

Pop zischt weiterhin heftig und kompromisslos. „Shake Appeal“ rockt wie Hölle, Feuer und Blut! Iggy Pop lässt sich in Urzustände fallen, ein bissiges, gefährliches menschgewordenes Tier. Tollwut Mann! Der „Death Trip“ dauert 6 Minuten, bringt die Erde zum Beben, deine schlimmsten Albträume werden wahr. Danach ist Stille und Katharsis. Das unheimlichste, rücksichtsloseste und wildeste Punk-Rock-Album aller Zeiten. Have Mercy!

051. LET THE MUSIC KEEP OUR SPIRITS HIGH
JACKSON BROWNE – Late For The Sky (1974)

Drittes und bestes Album des auch heute noch aktiven Singer/Songwriters. *Late For The Sky* handelt vor allem von Liebe, Verlust und Identität. Das Album hat eine eigenartige sonnig-melancholische Stimmung, was sich schon auf dem Titelsong, der am Anfang steht, zeigt. Brownes Stimme schwingt wie ein Vogel, schwebende Keyboardsounds (Jai Winding) am weiß-wolkigen Himmel, David Lindley leistet allerfeinste Saitenarbeit, die Rhythmussektion (Doug Hayward, Larry Zack) ganz locker und entspannt. Herrliche Pianolinien finden sich auf „Fountain Of Sorrow“, die Band laid-back und Brownes Stimme hat Flügel, was für das ganze Album gilt. Zeilen wie „You never knew what I loved in you/I don’t know what you loved in me/Maybe the picture of somebody you were hoping I might be” entbehren jeglichen Kommentar. “Farther On” hat weite und tiefe Slides, Browne singt: “I’m not sure what I’m trying to say”. Mit “The Late Show” und “The Road And The Sky” folgt das Album seinem eindringlichen Strom. Erwähnt werden müssen auch die absolut herrlichen Gesangsharmonien, die Jackson Browne mit Doug Haywood, Don Henly, Joyce Everson, J.D. Souther, Beth Fitchet, Dan Fogelberg, Terry Reid und Perry Lindley aus dem Hut zaubert. „For A Dancer“ beginnt als Piano-Vocals-Ballade, die sich zu einem wunderschönen Mid-Tempo-Song mit traurig-warmen Fiddle-Klängen (David Lindley) aufschwingt. Dem schwungvollen „Walking Slow“ folgt das 6-minütige herbstlich-schöne „Before The Deluge“ mit der hoffnungsfrohen Zeile „Let the music keep our spirits high“, die sich auf *Late For The Sky* aufs Angenehmste bewahrheitet. So endet ein an Höhepunkten mehr als reiches Singer/Songwirter-Folk-Rock-Album, welches zu den Klassikern des Genres gezählt werden muss.

052. JUST PISSING IN THE WIND
NEIL YOUNG – On The Beach (1974)

On The Beach erschien im Juli 1974, eine angeblich graue Zeit für die populäre Musikgeschichte. Neil Young bewies in diesen Jahren das Gegenteil, brachte drei Meisterwerke zu Gehör, das für hier ausgewählte Album, *Tonight's The Night* (1975) und *Zuma* (1975). *On The Beach* reflektiert nicht nur Youngs damalige Depression, sondern auch die ihrer Zeit. Der Auftakt-Song „Walk On" versprüht noch verhaltenen Optimismus, während „See The Sky About To Rain" eine Traurigkeit birgt, die von elektrischen Pianoklängen und wunderschönen Pedal-Steel-Linien gezeichnet wird. Beim „Revolution Blues" schwirren elektrische Gitarren, Pianotakte splittern, Schlagzeug und Bass scheinen nur mühevoll den Takt halten zu können. „For The Turnstiles" wird von melodischen Banjo-Klängen getragen, die aber auch nicht gerade die pure Freude ausstrahlen, eine Art Country Death Song. Der „Vampire Blues" knüpft an den „Revolution Blues" an, mit dem Unterschied, dass hier eine gespenstische Orgel zwischen den elektrischen Gitarren schwebt, die Rhythmen schleppen sich schwerfällig dahin. „Good times are coming/I hear it everywhere I go" singt Neil und keiner (inklusive der Meister selbst) nimmt's ihm wirklich ab. Der fast 7-minütige Titel-Song hat mit fröhlichen Strandliedern rein gar nichts am Hut. „The world is turnin'/I hope it don't turn away" flüstert Young, wenn das kein Grund zum Hoffen ist. Wieder ein Song in Zeitlupe, gehalten von monotonen scheppernden Sounds, die von einzelnen Bongo-Takten und versprengt elektrischen Pianotupfern begleitet werden. „Motion Pictures" ist eine bedrückende Ballade, zum ersten Male ist Youngs Harp zu hören. „Back in the old folky days/the air was magic when we played" erinnert sich Young im „Ambulance Blues", vorgetragen auf der akustischen Gitarre, spärlich von Bass und einer unruhestiftenden Violine begleitet, dazu stoßen Harpklänge in Moll. Eindringliche 9 Minuten „just pissing in the wind". Eingespielt wurde das Ganze mit so hochkarätigen Musikern wie Rick Danko, Levon Helm, Rusty Kershaw, Ralph Molina, Billy Talbot und anderen. Über diesem Album liegen schwere bleierne Schleier. Dennoch einzigartig in seiner Wirkung. Qualvoll und intensiv!

053. THE BOSS
BRUCE SPRINGSTEEN – Born To Run (1975)

Natürlich darf der Boss nicht fehlen beim Sammeln unserer Inselplatten. „Thunder Road“ startet mit Piano, Harpklängen und dann Springsteens Stimme: „The screen door slams/Mary's dress waves/Like a vision she dances across the porch/As the radio plays/Roy Orbison singing for the lonely". Der Song steigert sich mit spectorianischer Melodramatik. Ein absoluter Song, nachzulesen in Nick Hornbys *31 Songs* oder auch in Roel Bentz van den Bergs *Die Luftgitarre*. Mit fetten Bläsersätzen schwingt sich „Tenth Avenue Freeze-Out“ in die Höhe. Clarence Clemons' Saxophon und Roy Bittans Piano sorgen für melodiösen Groove, Gary Tallent (Bass) und Max M. Weinberg (Drums) für treibende Rhythmik. „Night“ erforscht selbige wieder mit Wall of Sound Anleihen. Die „Backstreets“ finden wir mit pianoverlorenen Tönen vor, bevor die Band und die Stimme des Boss' einsetzt, kratzig und rau singt er: „In the deep heart of the night/They set us loose of everything/To go running on the backstreets“. Rockt und schwingt sich in ungeahnte Höhen, Springsteens Gitarren und Bittans Keyboards umgarnen sich wie Verliebte. Mein absoluter Springsteen-Favorit ist der Titelsong „Born To Run“, keiner versteht es wie der Boss, Aufbruchsstimmung, Optimismus und Freiheit durch seine Songs zu vermitteln, hier in absoluter Vollendung und wir blicken ein weiteres Mal aufs Cover, nein nicht Phil Spector, sondern Jon Landau hat *Born To Run* produziert. „Where we really want to go/And we'll walk in the sun/But till the tramps like us/Baby we were born to run“. Einfache, aber schöne und wirkungsvolle Zeilen. Hat auch "She's The One" und "Meeting Across The River“ zu bieten, Songs, die die Flammen am Köcheln halten. Am Ende das fast 10-minütige „Jungleland“, spielt mit Jazzharmonien und Streichern, wird dann doch noch klassischer Springsteen, erzählt von „Lonely-hearted lovers/Struggle in dark corners/Desperate as the night moves on“. Heute wissen wir: Wir haben nie einen neuen Dylan oder die Zukunft des Rock'n Roll gebraucht, aber hin und wieder ein paar Songs vom Boss. Nicht nur mit *Born To Run* ist man bestens bedient.

054. HEXE UND GÖTTIN
PATTI SMITH – Horses (1975)

Beginnt mit der legendären Zeile "Jesus died for somebody's sins but not mine", dazu verlorenes Pianogeklimper (Richard Sohl), Patti Smiths Stimme von anarchischem Geist durchdrungen. Dann Gitarren, Schlagzeug, Bass und wir befinden uns in Van Morrisons „Gloria". Welch fulminanter Auftakt 1975, das Jahr before Punk happened, in gewisser Weise von Patti Smith vorweggenommen. Mit Reggae-Anleihen auf „Redondo Beach" setzt sich *Horses* wundersam fort. Dass sie nicht nur Sängerin ist, beweist sie dann mit dem 9-minütigen „Birdland" eindrucksvoll. Hier zeigt sie sich als Rock'n'Roll Poetin erster Güte, irgendwo zwischen Dylan und Jim Morrison vermitteln ihre Lyrics Lebensgefühl und Atmosphäre, leidenschaftlich erdig als auch theatralisch (im positiven Sinne) vorgetragen: „I am helium raven and this movie is mine,/So he cried out as he streched the sky,/Pushing it all out like latex cartoon, am I all alone in this generation?". Dazu Piano, Gitarren, eindeutige Velvet Underground Reminiszenzen und naturgemäß steht auf dem Cover produced by John Cale. Auf „Free Money" punkrockt es gewaltig, pure Energie trifft uns in Herz und Bauch, tolle Lenny Kaye Gitarren, treibende Bass- und Schlagzeugrhythmen (Ivan Krahl, Jay Dee Daugherty) und Patti singt sich die Seele wund. „Kimberley" gönnt uns dann wieder Reggaerhythmisches. Danach das mit Tom Verlaine geschriebene „Break It Up", das geradezu nach Erlösung schreit. „Land" erinnert an „The End" von den Doors, zehn Minuten, die unter die Haut gehen, unterteilt in „horses", „land of thousand dances" und „la mer (de)". Zwischen wilden rhythmischen Ausbrüchen, ausgespuckten Lyrics, wahnhaften Pianowogen und rau-intellektueller Poesie bewegt sich der Song in den Gewässern der Möglichkeiten, Patti als Hexe und Göttin. Mit „Elegie" wiegt sich Patti Smith auf Pianoklängen dem Ende von *Horses* entgegen. Auf der 1996 erschienen CD gibt's dann noch das Live-Stück „My Generation" von den Who mit John Cale am Bass, pure Punk-Energie, Wut und Verzweiflung! Schließe mit den letzten Zeilen der liner notes von Patti Smith: „charms. sweet angels – you have made me no longer afraid of death."

055. EUPHORISIEREND
JOHN MARTYN – Live At Leeds (1976)

Best kept secret heißt es über ihn und bis dato hat sich daran nicht viel geändert. *Live At Leeds* erschien 1976 in limitierter Auflage von 10.000 Kopien. Martyn war für Aufnahme, Cover, Produktion und Vertrieb verantwortlich, verkaufte sein Werk via Mailorder. Durchnummerierte und persönlich signierte Exemplare des Albums ließen so John Martyn zum ersten Record Independent werden. Mit „Outside In", einem 19minütigen frei assoziiert wirkenden Track, der wie eine britische Grateful-Dead-Mutation klingt, hebt *Live At Leeds* in jene Sphären des Grenzgängertums ab, welches zwischen Rock, Folk, Blues und Jazz pendelt und sich zu einem großen Ganzen fügt. „Solid Air" beginnt mit John Martyns Flüster- und Nuschelgesang, John Stevens schwingt über die Felle und Danny Thompson lässt nicht nur auf diesem Stück den Bass auf seine unnachahmliche Weise brummeln. Dazu eine feine, zurückhaltende Melodielinie, gezeichnet von der akustischen Gitarre, die auch auf „Make No Mistake" zum Einsatz kommt. Des weiteren lateinamerikanische Rhythmen und ein Bassist, der Melodie und Rhythmus gleichzeitig zu spielen weiß. Zwischendurch und gegen Ende kommt einem die Akustische gar spanisch vor. „Make No Mistake" geht dann nahtlos in „Bless The Weather" über mit den speziellen Murmelvocals Martyns, die hin und wieder gen Blues/Jazzphrasierung ausschlagen. „The Man In The Station" ist locker gespielter Folk-Blues-Song. "I'd Rather Be The Devil" bringt uns "Outside In" in gekürzter Form zurück bzw. tritt als Fort- und Umsetzung vom bisher Gehörten auf. 8 Minuten 40 Sekunden lang elektrisches, effektvolles Spacegitarrenspiel, filigranes Schlagwerk und Bässe, die in den tiefsten Höhlen deines Bauchraums wummern. Verschafft sich Raum und fliegt in kühnsten Höhen. Himmlisch und teuflisch. Atmosphäre pur, ein Musiksud mit Sogwirkung. Euphorisierend!

056. ANARCHIE

THE SEX PISTOLS – Never Mind The Bollocks Here's The Sex Pistols (1977)

Beatles oder Stones, Pistols oder Clash? Einfach das oder durch und ersetzen! Womit dieses Thema vom Tisch wäre. Die Skandalgeschichten um die Sex Pistols, ihre Attitüde, ihre pophistorische Bedeutung und Wichtigkeit ist nicht anzuzweifeln, sollten jedoch nicht den Blick auf ihr kurzes Dasein als Band verschleiern. *Never Mind The Bollocks Here's The Sex Pistols* hatte eigentlich schon vor dem Album in Form von Singles seinerzeit wie Splitterbomben eingeschlagen. Mit Aufmarsch-Rhythmen startet „Holiday In The Sun", dann fallen die Gitarren ein und Rottens Stimme fängt an zu nölen wie ein Bob Dylan auf Speed und rotzt Textbrocken aus. Schneidet tief ins Fleisch. „Bodies" hat zügelloses Tempo und befreiend-zorniges Refrain-Geheul. Der Nihilismus lugt aus allen Ecken. „No Feelings" hat jene in Form von rebellisch, aggressiv, brüchig und zornig. „Liar" hat bittere Dramatik und krachende Melodie. Für „God Save The Queen" gebührt ihnen der Ritterschlag, what more can I say? „No future no future for you/no future no future for me". Wo bitte schön hat man sarkastischere Attacken gehört? Über "Problems" und "Seventeen" gelangen wir zur „Anarchy In The U.K." mit den unvergesslichen Zeilen „I am an antichrist/I am an anarchist/Don't know what I want/But I know how to get it/I wanna destroy the passerby". Danach klingt „Submission" fast harmlos, während „Pretty Vacant" eine wahre Punk-Hymne ist, schrecklich schön mit zirpenden Gitarren und polternden Rhythmen, Rotten singt geradezu lässig. Mein bevorzugter Pistols-Song! Wie weit ist der Weg von „New York" zur „E.M.I."? Verachtung für Alles und Jeden haben die Sex Pistols übrig. Sie waren Wegbereiter für andere, doch keine Punk-Band war so verwegen, dreist und effektiv wie die Pistols. Noch heute, Jahrzehnte später dringt das Revolutionäre, Wut, Zorn und Feindseligkeit aus den Rillen. Ganz großes Rock'n'Roll Album. Punk ist nicht tot, er riecht nicht mal komisch.

057. HYPNOTISCH
TELEVISON – Marquee Moon (1977)

Im Dunst der New York Punk Szene wuchs dieses seltsame Gitarren-Rock Gewächs, denn *Marquee Moon* ist zweifelsohne ein Gitarren-Rock-Album, das aber unvergleichlich in seiner Art und Wirkung, mehr in den Kopf als in den Bauch geht. Doch keineswegs avantgardistisch verkopftes Gegurke hat Television zu bieten, sondern erstaunlich intelligente Gitarrenwechselspiele zwischen Tom Verlaine und Richard Lloyd, welche ganze Generationen von Post-Punk-Bands beeinflussten und die auch heute noch nachwirken. Ein nervenzehrender Beginn mit „See No Evil“, elektrische Gitarrenschlaufen, die in den Gehirnbahnen lodern und manisch gelangweilte Vocals von Tom Verlaine. Dagegen ist „Venus“ geradezu schön mit melodisch verzwickten Gitarrensounds. „Friction“ lässt die Gitarren ranken und blitzen, Verlaines eindringliche Worte sind kalte Stilblüten, besessen und beschwörerisch. True Angst-Poetry. Majestätische Kräfte verleiht der Titelsong, verschraubte und verwebte Gitarren, urbane hartnäckige Rhythmen und Verlaines mythisch gebrochene Texte, dringlich und monoton-verzweifelt ins Mikro gezwängt. „I remember the light of darkness doubled,/I recall lightning struck itself,/I was listenin’, listenin’ to the rain,/I was hearin’, hearin’ someone else,“. Sensationelle Länge für 1977, zehn unvergesslich hypnotisch-neurotische Minuten. Lässt imaginäre neonbelichtete s/w-Filme im Kopf entstehen. Wie in Trance gleiten wir weiter zur „Elevation“ und wie sich das emporhebt. Erhöht und erhört! Erzeugen das „Guiding Light“, das nur wenig Wärme abgibt. „Prove It“ hat versteckte losgelöste Reggae-Rhythmen mit wuchernden Gitarren. *Marquee Moon* findet ein Ende mit dem „Torn Curtain“. Hinterlässt wahnhafte und paranoide Imaginationen. Bahnbrechendes und befreiendes Werk. Glitzert wie Sterne in der Dunkelheit. In weiter Ferne so nah!

058. ONE TWO THREE FOUR
RAMONES – Rocket To Russia (1977)

War bereits ihr drittes Album. Nach *Ramones* (1976) und *Leave Home* (1977) wurde die *Rocket To Russia* abgeschossen. 1-2-3-4 könnte man vor all ihre Stücke setzen. Die Beach Boys auf Speed, wurden sie seinerzeit beschrieben, was nicht ganz falsch, aber auch nicht die ganze Wahrheit über die Ramones ist. Amerikanischer Punk mit Lederjacken, T-Shirts, Sonnenbrillen, halblangen Haaren und echten Schlitzen in den Jeans. Einfachst gestrickter Rock'n'Roll mit hohem Energielevel, Dynamik, alltagspoetischen Texten und poppigen Melodien. Punk, baby, Punk!!! Der Motor läuft schon auf „Cretin Hop" heiß, „1-2-3-4/cretins wanna hop some more/4-5-6-7/all good cretins go to heaven". Simplizität als Waffe gegen Prog-Rock, Rock-Opern, selbstverliebte Endlossoli und was es damals als Punk sonst noch zu bekämpfen gab, Langeweile zum Beispiel. Die kommt auf Rocket To Russia nie auf, „Rockaway Beach" gehört zweifelsfrei zu ihren besten Songs, hat unwiderstehlich packende Rhythmen, viel Speed, eine unglaubliche Pause und tollen mehrstimmigen Gesang. It's Pogo Time! "Here Today, Gone Tomorrow" drosselt das Tempo etwas, "Someone has to pay the price". "Locket Love" und vor allem "I Don' Care" ist Rotznase at its best. Die Egal-Attitude des Punk in Reinkultur. „Sheena Is A Punk Rocker" ist ein Klassiker des Genres, unbekümmert, ungestüm und verspielt. „We're A Happy Family" nimmt die amerikanische Durchschnittsfamilie auf die Schippe, wird gesungen als sei es ein Abzählreim. Nach dem furiosen „Teenage Lobotomy" covern sie „Do You Wanna Dance". Über "I Wanna Be Well" und „I Can't Give You Everything" gelangen sie zu "Ramona". Es folgt ihre Interpretation von "Surfin' Bird", einfach und genial! Das ist doch immer der gleiche Song, hat damals der große bärtige Bruder gesagt und das neueste Genesis-Werk angepriesen. Da lauschen wir doch weiter dem Schlusssong „Why Is It Always This Way". Punk halt! Heftig und wild!

059. WIPPEN UND SCHWELGEN
THE CONGOS – Heart Of The Congos (1977)

Der Name unserer Insel lautet in diesem Falle Jamaica. Ein Roots Reggae/Dub-Album gehört einfach in so eine Sammlung. Sicherlich hätte ein Burning Spear, King Tubby, Bob Marley, Keith Hudson oder auch ein Dennis Bovell bzw. Linton Kwesi Johnson die Szene gut vertreten, doch letztendlich ist *Heart Of The Congos* das perfekte Album, hier halten sich Roots Reggae und Dub die Waage. Natürlich muss an dieser Stelle der große Lee Perry erwähnt werden, der diesen Klassiker brillant produziert hat. Beginnt mit „Fisherman", tief-dunkle riddims, Cedric Mytons phantastisches Falsett und Lee Perrys Unterwasserproduktion, unauffällige, aber treffsichere und wirkungsvolle Effekte, sechs organische Dub-Roots-Reggae-Minuten vom Allerfeinsten. Fast sieben Minuten Trance erleben wir, wenn wir uns in „Congoman" fallen lassen. Stammestrommeln als Fundament, Gesang, Musik und Perrys Produktion fließen zu einem großen Ganzen zusammen und machen so „Congoman" zu einem außergewöhnlichen Stück Musik. „Open Up The Gate" und „Children Crying" führt den Flow des Albums in sonniger Leichtigkeit fort. „La La Bam-Bam" ist so was von laid-back und sonnig, dass bestimmte Stoffe gar nicht benötigt werden, um in Stimmung zu kommen. Danach „Can't Come In" mit unvergesslicher Melodie, zum Mitsummen, Mitsingen und Tänzeln! Weitere sechs hypnotische Minuten bietet uns „Sodom And Gomorrow", Lee Perry dreht an den Reglern, Hall und Echo aus fernen fremden Welten, die Riddims halten uns down to earth, die Vocals fliegen. Nach dem melodiösen „The Wrong Thing" das an Instrumentarium randvolle und reichhaltige „Ark Of Covenant" mit hochfliegenden Vocals, wieder sechs Minuten, die uns schweben lassen, in die wir uns betten können, himmlisch!!! „Solid Foundation" beschließt aufs Herrlichste den offiziellen Teil dieses beeindruckenden Albums. Doch im Bonus-Zeitalter kommen wir in den Genuss weiterer Tracks. Die wunderbar gestaltete limitierte DoCD auf Blood and Fire von 1997 lässt keine Wünsche offen. Wippen und schwelgen!

060. LOVERS BIZARRE
BIG STAR – Third/Sister Lovers (1978)

Wie eng Inspiration und Frustration beieinander liegen wird einem beim Hören von *Third/Sister Lovers* bewusst. Songs die Ruinen gleichen, paranoid, drogenverhangen, voller Ablehnung und Verzweiflung, aber auch melancholisch, soulful und von höchster Intensität, die sich erst nach mehreren Hördurchläufen erschließt. Auf verschiedenen Labels in unterschiedlichen, nicht autorisierten Versionen veröffentlicht, ist es Rykodisc zu verdanken, dass 1992 die definitive Edition mit 19 Tracks das Licht der Welt erblickte, die uns auch hier als Vorlage dienen soll. So startet das Album mit dem angstvollen überschwänglichen „Kizza Me", das schlingert und rumpelt, nervenzehrende hohe Pianotöne, Alex Chiltons Falsett zieht ein musikalisches Wrack hinter sich her. Da schmeichelt „Thank You Friends" zunächst, um dann in ähnliches Fahrwasser zu geraten, im Hintergrund weibliche Backing Vocals, die Soul-Verzweiflung vorführen. Dann fährt der „Big Black Car" vor als dunkelbrütende Ballade, die irgendwie den Faden verliert, ihn wieder aufnimmt und sich schwerfällig dahinschleppt. Dennoch erfahren wir eine Ahnung von Schönheit. Dem wankend-melodiösen „Jesus Christ" folgt eine zerbrechliche Version von Lou Reeds „Femme Fatale". „O, Dana" schwankt und rumpelt, „Holocaust" plinkert mit verhaltenen Pianotakten, verfällt der Melancholie, im Hintergrund einsame Gitarren-Schleifen, davor Chiltons angstvoll-traurige Vocals in einem verlorenen Land. Die Stimmung überträgt sich auf das transzendente „Kangaroo", scheppernd-schleppend versinken wir in der Nacht. „Stroke It Noel" hat überirdische Streicherarrangements, ein Song der so sanft abhebt, dass es kaum zu spüren ist. Auch „For You" hat Streicher, die das Album aus der Dunkelheit lugen lassen. „You Can't Have Me" basiert auf einem typischen Rock'n'Roll Riff, ein unruhestiftendes Saxophon sorgt für Stimmungsschwankungen, hämmerndes Piano und rumpelnde Bass- und Schlagzeugrhythmen tun ein übriges. „Nighttime" ist eine wunderschöne Ballade, die sich scheinbar auflösen will, irgendwie vom Wege abkommt und einen dennoch intensiv berührt. „Blue Moon" und „Take Care" sind fragile Balladen mit Streicherarrangements von bizarr-bitterer Schönheit. Gilt auch für Nat King Coles Pianoballade „Nature Boy". Energisch-brodelnd spielen sie "Till The End Of The Day" von den Kinks. Psychische Pein, aber auch seelenvollen Gesang und intensives Instrumentarium erleben wir auf „Dream Lover", Traum und Albtraum zugleich. Auf „Downs" werden die Scherben eingesammelt und „Whole Lotta Shakin' Goin' On" erlöst uns rockend. Doch schon erwischen wir uns beim Drücken der Play Taste, denn *Third/SisterLovers* hat Sogwirkung und Magnetismus entfaltet.

IV. 1979-1990 TRAUER, POP & SPRÖDER CHARME

061. POP, PUNK UND HYMNEN / **THE CLASH – London Calling (1979)**

062. TEXAS DYLAN SMELL / **BUTCH HANCOCK – The Wind's Dominion (1979)**

063. TRAUER UND EMPTINESS / **JOY DIVISION – Closer (1980)**

064. DRAMATIK / **THE WIPERS – Is This Real? (1980)**

065. ELVIS FROM HELL / **THE GUN CLUB – Fire Of Love (1981)**

066. ANGST-GESPENST / **RICHARD & LINDA THOMPSON – Shoot Out The Lights (1982)**

067. TEENAGE (ALB)TRAUM / **VIOLENT FEMMES – Violent Femmes (1983)**

068. PAISLEY UNDERGROUND / **THE DREAM SYNDICATE – The Days Of Wine And Roses (1983)**

069. POP-REIGEN / **LLOYD COLE AND THE COMMOTIONS – Rattlesnakes (1984)**

070. SOUL SEX NIGHT PRAYER / **BOBBY WOMACK – The Poet II (1984)**

071. ZEITLOS / **CHRIS ISAAK – Silvertone (1985)**

072. FLOWERS FLY / **THE SMITHS – The Queen Is Dead (1986)**

073. BUT THIS IS ONLY THE BEGINNING / **ELVIS COSTELLO AND THE ATTRACTIONS – Blood & Chocolate (1986)**

074. GO FORWARD / **THE GO-BETWEENS – Liberty Belle And The Black Diamond Express (1986)**

075. ERWACHSEN UND AUFRICHTIG / **JOHN HIATT – Bring The Family (1987)**

076. SAMT UND STAUB / **MARIANNE FAITHFULL – Strange Weather (1987)**

077. FRÖHLICH-CARELESS POP / **THE TRAVELING WILBURYS – The Traveling Wilburys (1988)**

078. ROCK'N'ROLL SHORT STORIES / **LOU REED - New York (1989)**

079. WUNDERBAR VERSPONNEN / **TIM BUCKLEY – Dream Letter/Live In London 1968 (1990)**

080. SPRÖDER CHARME / **VIC CHESNUTT – Little (1990)**

Zwischen den Jahreszahlen 1979-1990 lassen sich die Achtziger ganz gut verstekken, was ja gar nicht vonnöten ist. Nur keine Angst vor Prince und Madonna, zum Insel-Album hat's nicht gereicht, was die Genannten nicht schlecht heißen soll. Selbst gestandene alternative Music-Maniacs entdeckten seinerzeit die Disco-Tanzflächen. Listen mit peinlichen Lieblings-Songs machten die Runde. Video Killed The Radio Star. MTV-Zeitalter bricht an. Das neue Tonträgerformat nennt sich Compact Disc. Verspricht zunächst viel, hält wenig und weiß dann doch noch zu überzeugen. Das totgesagte Vinyl überlebt wie alle Totgesagten länger, sprich: bis zum heutigen Tag. Musikhörer geraten in die Fänge der Zielgruppenforschung. Pop schillert in allen möglichen und unmöglichen Farben. Grunge, Rave, Rap, House und Techno nehmen ihren Anfang, d.h. werden zu eigenständigen Stilen. Unserer Sozialisation entsprechend bleiben wir im Insel-Buch den bisherigen Musikrichtungen treu.

Ende der Siebziger fächert sich Punk auf. New Wave wird zum Sammelbegriff für zig Stile. The Clash mixten ihren Punk mit hymnischem Pop und Reggae. The Wipers trieben Energie und Dynamik des Punk auf die Spitze und die Americana-Pioniere The Gun Club drehten den Blues durch den Punk-Fleischwolf. Gleiches machten die Violent Femmes mit Folk.

Die aus Manchester kommende Band Joy Division ist so etwas wie ein Wendepunkt in der Historie. Als Erfinder der Dark Wave, die nachfolgend kaum noch Erwähnenswertes hervorbringt, markierten sie, ausgerechnet über den Selbstmord von Sänger Ian Curtis zur Band New Order, den Weg zur Rave-Bewegung. Joy Divisions *Closer* ist ein schwarz-romantisches Trauergemälde, das seinesgleichen sucht.

Nicht nur The Dream Syndicate bezog sich in den Achtzigern auf The Velvet Underground, doch sie machten es am Besten und sind Mitbegründer des sogenannten Paisley Undergrounds. Lou Reed belebt den Geist der Velvet Underground auf seinem Meisterwerk *New York.* Andy Warhols Tod folgte die Versöhnung Reeds mit John Cale, was ein gemeinsames Album nach sich zog und eine kurze Reunion dieser legendären Band. Doch das ist eine andere Geschichte.

Nahezu perfekten Gitarren-Pop spielten The Go-Betweens, Lloyd Cole And The Commotions und The Smiths. Zeitlose Musikerfahrungen entnehmen wir den Meisterwerken von Chris Isaak und The Traveling Wilburys, letztere stellten endlich mal unter Beweis, dass auch sogenannte Supergroups Supernaturals zu Stande bringen. Bett- und tanzflächentauglichen Achtziger-Soul der Extraklasse bietet Bobby Womacks *The Poet II.*

Butch Hancock, Richard & Linda Thompson, Elvis Costello, John Hiatt, Marianne Faithfull und der längst verstorbene Tim Buckley (den wir hier ganz frech mit einreihen auf Grund des 1990 erschienenen Live Albums mit Aufnahmen von 1968) beweisen, dass die Achtziger auch ein Singer/Songwriter-Jahrzehnt mit ausgezeichneten Alben waren. Vic Chesnutt läutete dann die Neunziger mit einem herausragenden spröden Singer/Songwriter-Schrammel-Folk-Album ein.

Zu den Achtzigern zurück ins Jahr 1979:

061. POP, PUNK UND HYMNEN
THE CLASH – London Calling (1979)

Nicht nur Freunde haben sie sich seinerzeit mit *London Calling* gemacht. Für Punkpuristen zu viel Pop, Ska, Reggae und Roots Rock. Dabei waren schon auf *The Clash* (1977) erste Reggaeklänge zu vernehmen („Police And Thieves"). So fragen sie nach *Give 'Em Enough Rope* (1978) auf *London Calling* „What are we gonna do now?" (Eröffnungszeile von „Clampdown"), um sich und den Hörern mit einem famosen Doppelalbum zu beweisen, dass es ein Leben nach Punk gibt. Und durchaus mit Punk, denn zweifelsohne lebt das Album von der Energie und der Dynamik dieser Stilrichtung. Der Titelsong zu Beginn ist mehr als ein Indie-Hit, wahre Hymne und für immer ins Rock'n'Roll Gedächtnis tätowiert. Dieser wummernde Bass, die schneidend-feurigen Gitarren und Strummers leidenschaftlich-rauer Gesang. „Brand New Cadillac" hat den Billy im Rock, „Jimmy Jazz" selbige Anleihen. Auf „Hateful" und „Rudie Can't Fail" spielen die Clash mit Ska- und Zydecorhythmen. Nachdem die „Spanish Bombs" gefallen sind, erreichen wir „The Right Profile", um dann „Lost In The SuperMarket" herumzuirren und miteinzustimmen „I'm all lost in the supermarket/I can no longer shop happily,/I came in here for that special offer/Guaranteed personality". Nach der Aufbruchsstimmung, die "Clampdown" vermittelt, greifen wir im Reggaerhythmus zu „The Guns Of Brixton". Fröhlich gestimmt lauschen wir dem Ska-Pop-Song „Wrong ‚Em Boyo" und fragen dann reggae-rocky nach „Death Or Glory". Von „Koka Kola" zu „The Card Cheat", hin zum „Lover's Rock", der Türen und Seelen öffnet. Auf „Four Horsemen" rocken uns die Clash zur Frage "But you!/You're not searching are you now?/You're not looking anyhow". Trotzrotzige Antwort: "I'm Not Down", sondern bereit für den „Revolution Rock", den wir lässig-fröhlich im Reggae-Ska-Schritt vollziehen, um dann mit dem „Train In Vain" das Fest ausklingen zu lassen. *London Calling* war Rebellion auf der Tanzfläche, Lachen war beim Pogo tanzen wieder erlaubt. Klassiker, keine Frage!

062. TEXAS DYLAN SMELL
BUTCH HANCOCK – The Wind's Dominion (1979)

Legendärer Singer/Songwriter aus Texas mit seinem zweiten Album. Beginnt ungewöhnlich mit dem a-cappella gesungenen "Sea's Deaddog Catch". Beim Hören von „Capture...Fracture...Rapture" denkt man schon nach wenigen Sekunden: ein Texas Dylan, was natürlich als höchstes Kompliment zu verstehen ist. Die meisten Songs des Albums tönen im Geiste von *John Wesley Harding* und *Pat Garrett & Billy The Kid*, ohne Plagiat zu sein. „Long Road To Asia Minor" ist Butch Hancock pur: Gesang und akustische Gitarre. „Smokin' In The Rain" knüpft an sein Debüt *West Texas Waltzes And Dust-Blown Tractor Tunes* (1978) an, also Country-Folk vom Feinsten. Viel Schwung hat „Fightin' For My Life" zu bieten, mit Nachdruck schlägt Butch die Akkorde auf der Akustischen und schnell fliegt seine Stimme über die Lyrics hinweg. „Her Personal Rendition Of The Blues" hat allergemütlichste Laid-Back-Atmosphäre, Hancock singt quengelnd und lässt den Herrgott einen guten Mann sein. Fast als Talking-Blues ist "Dominos" zu verstehen, hat Blues-Dramatik und Folk-Flair, klagend-sehnsüchtige Harpklänge und geniale Zeilen wie "a fool never knows what he misses/a wise man never misses what he knows". Schmerzhaft schöne und zerbrechliche Ballade ist „Once Followed By The Wind", die Zeile „magnetized by teardrops fallin from clear blue sky" reflektiert die ganze Atmosphäre des Songs. Honky Tonk Schunkeln mit „Wild Horses Chase The Wind" ist erlaubt. Auf das folkige „Own & Own" folgt „Mario Y Maria", eine short-story-artige semi-sad Ballad mit der vielsagenden Textzeile "...there are those who never come home". Mein Favorit auf *The Wind's Dominion* ist "Eternal Triangle", 8 Minuten sehnsüchtig-leidenschaftlicher Hancock Gesang mit schwebenden warmen Akkordeonklängen. Fühlt sich an wie weiche Kissen. Wie himmlisch der Song ist beweisen diese Zeilen: „you see angels by the seven/but they stand there for no one/They're just lookin...just lookin". Mit voller Bandunterstützung wurde das 10minütige "Only Born" eingespielt, Butch Hancocks Desolation Row, also Texas-Highway-61-Revisited-Song mit 12 Strophen und dylanesken Lyrics: "proud Isabel was a brown-eyed beauty and she never played around/she was always there...she considered it her duty...ain't it funny how those words sound?" Dann reiten wir mit "The Gift Horse Of Mercy" im bewährten Hancock-Stil und lassen uns von „The Wind's Dominion" davonwehen. Herrliches Singer/Songwriter Album, das im Punk/New Wave Jahr 1979 leider etwas unterging. Beachtenswert auch seine Zusammenarbeit mit Jimmie Dale Gilmore und Joe Ely als The Flatlanders. Als Kult noch wahrer Kult war!

063. TRAUER UND EMPTINESS
JOY DIVISION – Closer (1980)

SCHAU DER GRAUSAMKEITEN. Irrenanstalten mit weit geöffneten Türen. Augen sagen, dass er noch existiert. Hier geht's lang, komm rein. Triff die Architekten des Rechts, von Angesicht zu Angesicht. Hier geht's lang, komm rein. Nimm meine Hand und ich werd dir zeigen was war und sein wird. ISOLATION. Gewissenhafte Hingabe und Liebe. Blindheit, die Perfektion berührt. Isolation, Isolation. Aber wenn du die Schönheit sehen könntest, die Dinge, die ich niemals beschreiben könnte. Diese Freude, ein unberechenbarer Wahnsinn. Isolation. Isolation. Isolation. PASSAH-FEST. Leute, die sich ändern ohne jeglichen Grund. Entlang bewegen auf unseren gottgegebenen Wegen. Ist dies das Geschenk, das ich schenken wollte? Vergebe und vergiss was sie lehren. Oder geh nochmals durch die Wüsten und das nutzlose Brachland. KOLONIE. Ein Schrei um Hilfe, eine Spur Unempfindlichkeit. Ein furchtbarer Wind, der über unseren Wahnsinn weht. EIN WEG ZU EINEM ENDE. Unsere Freundschaft ist nie gestorben. Auf Wellen Fremder. Höhen und Tiefen. Unsere Vision berührte den Himmel. HERZ UND SEELE. Eine Reise, die uns zur Sonne führt. Seelenlos und entschlossen zur Zerstörung. Herz und Seele, eins wird brennen.

Existenz, was soll's? Die Vergangenheit ist jetzt Teil meiner Zukunft. Die Gegenwart nicht in meiner Hand. Herz und Seele, eins wird brennen. VIERUNDZWANZIG STUNDEN. Über mir eine Wolke, markiert jede Bewegung. Einen Augenblick lang dachte ich, ich hätte meinen Weg gefunden. All die dunkelsten Ecken einer Empfindung kannte ich nicht. Muss meine Notwendigkeit erfahren, bevor es zu spät ist. DAS EWIGE. Verstreute Blumen, vom Regen herunter gewaschen. Stand am Tor, am Fuße des Gartens. Beobachte wie sie am Himmel wie Wolken vorüberziehen. Beobachte die Bäume und wie das Laub fällt. DEKADEN. Hier sind die jungen Menschen, das Gewicht auf ihren Schultern. Jedes Ritual zeigte die Tür zu unseren Fragen auf. Öffnen, dann schließen, dann in unser Gesicht geschlagen. (frei nach Ian Curtis)

Ian Curtis, geboren am 15.07.1956, gestorben am 18.05.1980, hinterlässt mit seiner Band Joy Division nicht nur das dunkle geisterbeschwörende gebetsartige *Closer*, ein Album wie ein Krebsgeschwür und doch von romantischer Schönheit, nein, auf dem 4-CD-Set *Heart And Soul* ist nahezu alles von Joy Division veröffentlichte Studiomaterial sowie einige Live-Songs festgehalten. Manchester Ende der 70er Anfang der 80er at its best. Danach war Emptiness und Trauer. Eine neue Ordnung ließ die Tanzfläche zum Dancefloor mutieren.

064. DRAMATIK
WIPERS – Is This Real? (1980)

Warum nur werden die Wipers so selten in den Top 100 Listen genannt? Selbst in ausschließlichen Punk-Listen werden sie viel zu wenig oder wenn, dann viel zu weit hinten aufgeführt. Energie und Dynamik ist neben den berühmten drei Akkorden das wichtigste Werkzeug des Punk. All dies können die Wipers ihr eigen nennen. Ihr Plus ist die Dramatik, die den entscheidenden Unterschied zu vergleichbaren Bands ausmacht, sie verstehen es in jedem Song die Spannung am Köcheln zu halten. Fundament von *Is This Real?* ist Sam Henrys wuchtiges, dynamisches und pochendes Schlagzeugspiel sowie Dave Koupals Bassgitarrenspiel, das imstande ist breite und tiefe Mondkrater in die Landschaft zu ackern. Mastermind Greg Sage kann darauf seine elektrischen Gitarrenlicks und dramatisierenden Vocals legen. In seiner unnachahmlichen Art singt er sozusagen mit einer down-to-earth-Manie, erdig und fliegend zugleich. Erstklassiges Songmaterial hat *Is This Real?* zu bieten. Schon der Einstiegstrack „Return Of The Rat“ zündet. „Mystery“ ist für Wipers-Verhältnisse poppig. „Up Front“ und „Let's Go Away“ ist Speed und Klopfen pur, hypnotisch! Das Titelstück fragt „Is This Real?“ Und ob das wirklich ist und was für eine „Tragedy“. „D-7“ zieht zunächst die Bremse, treibt dann wieder vorwärts, höher und weiter im Wipers-Kosmos. „Getting so depressed“ singt Sage auf “Potential Suicide”, seine Gitarre in Hendrix-Feedback-Manier, der Gesang mahnend und flehend. Danach konstatiert er „Don't Know What I Am“ . Wie ein Shoot Down im Thriller platziert, kurz vor Toresschluss, wird die Spannung auf die Spitze getrieben, ergo bündelt „Window Shop For Love“ alle Wipers-Eigenschaften und explodiert! „Wait A Minute“ setzt den markanten Schlusspunkt. Nicht nur *Is This Real?*, nein auch die Nachfolgealben *Youth Of America* und *Over The Edge* sind mehr als empfehlenswert. Diese drei gibt's als Box Set, digitally remastered mit reichlich Bonusmaterial. Himmel und Erde. Muskeln und Schweiß!

065. ELVIS FROM HELL
THE GUN CLUB – Fire Of Love (1981)

Drang damals im Auto eines Freundes zum ersten Mal an mein Ohr und der Auftaktsong „Sex Beat“ ließ mich den Versuch starten in einem VW Golf Pogo zu tanzen, was naturgemäß zum Scheitern verurteilt war. Was für ein fulminanter Song mit dieser wahnsinnsnahen Stimme von Jeffrey Lee Pierce, die über den hämmernden Punkrhythmen jault. Mit „Preaching The Blues” von Robert Johnson coverten sie 1981 einen Blues-Song, seinerzeit verpönt und unzeitgemäß, doch just die Geburtsstunde von Cow- und Bluespunk (so ungelenk nannte man das). Beginnt mit schnellen elektrischen Gitarrenslides, wird dann leise, pausiert, bis das Stück von Neuem die Jagd aufnimmt. Wolfsgleich und egomanisch predigt Pierce den Blues, die Rhythmen überschlagen und verfolgen sich, als wäre der Leibhaftige hinter ihnen her, giftige Slidegitarren mäandern. Auf „Promise Me“ spukt der Geist von Velvet Underground, als Gast spielt Tito Larriva eine John-Cale-Gedächtnis-Viola. „She's like heroin to me/she's like heroin to me/she cannot miss the vein“ behauptet Jeffrey

Lee auf „She's Like Heroin To Me" und in der Art und Weise wie er es singt und die Band den Punk abfeuert, nehmen wir's ihm gerne ab. Noch wahnsinniger kommt „For The Love Of Ivy" daher. Gewidmet Ivy Rorschach, Gitarristin der Cramps (die zur gleichen Zeit wie der Gun Club begannen und einen irrsinnigen Punk-Psychobilly-Sound kreierten). Hat mit „She looks just like an Elvis from hell" eine der besten Rock'n'Roll Zeilen ever. Pierce schreit, jault und ächzt, als ginge es um sein Leben, die Band legt einen Höllenritt par force hin. Nach dem „Fire Spirit" begegnen sie dem „Ghost On The Highway". Umgehend reitet „Jack on Fire" auf dem „Black Train", ein lässiger Rock'n'Roll Song, wie aus dem Ärmel geschüttelt. Mit einem „Cool Drink Of Water" wird uns eine längere Verschnaufpause gegönnt. Last but not least sagt uns The Gun Club „Good By Johnny" mit sexy gleichgültiger Pierce-Stimme, die Band entspannt, aber feurig rock'n'rollend. Ein wahres Glanzstück am Ende eines Höllentrips. Die Folgealben erreichten zwar nicht mehr die Power ihres Debüts, verfügten über andere Qualitäten und sollten nicht außer Acht gelassen werden. Wann endlich kommt ein Karriere umfassendes Box-Set? In der Vergangenheit wühlend den Blues ausgeschlachtet, auf der Rock'n'Roll Erde eine neue Punk-Zukunft visioniert. Nichts weniger als dies. Americana-Pioniere! Viel zu früh verstarb Jeffrey Lee Pierce im Alter von 38 Jahren.

066. ANGST-GESPENST
RICHARD & LINDA THOMPSON – Shoot Out The Lights (1982)

Als Richard & Linda Thompson *Shoot Out The Lights* aufnahmen, war ihre Ehe bereits am Ende. Das Cover zeigt Richard Thompson lachend in der Ecke eines schmuddligen Raumes sitzend, der in gelb-orange Licht getaucht ist, an der Wand hängt ein Bild von Linda. Ein anderes Foto zeigt die Beiden auf einem Sofa sitzend, Richard auf der Gitarre klimpernd, Linda mit Sonnenbrille theatralisch abgewandt. Wenn wir dann dem ersten Song „Don't Renege On Our Love" lauschen, der mit marschartigen Drum- und Bassrhythmen beginnt, scheint es, als müssten wir in den Krieg ziehen. Richard Thompson setzt mit schneidender Gitarre ein und wenn seine Stimme mit unterschwelligem herablassendem Tonfall Lyrics wie „Now your eyes/don't meet mine/you've got a pulse/like fever" zum Besten gibt, uns besagtes

Foto ins Gedächtnis rufen, wissen wir spätestens jetzt was Sache ist. Auf „Walking On A Wire“ vernehmen wir dann Lindas schöne Altstimme und Richard fällt müde, dennoch ausdrucksstark in den Refrain mit ein: „I’m walking on a wire/I’m walking on a wire/And I’m falling“. Dazu seine unglaublich filigranen Gitarrenlicks, scharf schneidend und emotionsgeladen. „A Man In Need“ und „It’s Just The Motion“ sind intensivste Folk-Rock-Songs, die natürlich auch von den großartigen Begleitmusikern Simon Nicol (Rhythm Guitar), Dave Pegg (Bass) und David Mattacks (Drums) leben. Nicht zu vergessen die saubere und klare Produktion von Joe Boyd. Auf dem Titelsong begegnen wir Angst, Trauer und Melancholie. „Keep the pain on the inside/just watching the dark/just watching the dark“ singt Richard Thompson, beinahe gelangweilt und doch hypnotisch intensiv. “The Backstreet Slide” hat exzellente Gitarrenläufe und mit „Did She Jump Or Was She Pushed?“ folgt ein weiteres Album-Highlight. Ein Song auf der Suche. Unsicher, tastend, der Frage gleich, die er stellt. Der Hörer tappt im Ungewissen und nur an Linda Thompsons bittersüßem Gesang findet er ein wenig Halt. In wunderschönen Harmonien stirbt *Shoot Out The Lights* “The Wall Of Death”. Ein unentbehrlicher Longplayer mit jenem unmissverständlichen Unterton, der sich aus Zorn, Furcht und Schrecken zusammensetzt. Folk-Rock als subtiles Angst-Gespenst!

067. TEENAGE (ALB)TRAUM
VIOLENT FEMMES – Violent Femmes (1983)

Punk unplugged oder was? Das Violent Femmes Debüt war 1983 Rettung und Erlösung, nachdem Punk (schon längst) und New Wave (gerade eben) Abnutzungserscheinungen zeigte. Noch heute mehr als überzeugend mit seiner überschäumenden nervösen Energie. Mit „Blister In The Sun“ holpert und stolpert der erste Track nicht zur Sonne sondern fordert zum Pogo. Nichts zum Stillsitzen und Zurücklehnen. „Kiss Off“ legt noch nen Zahn zu, Gordon Ganos Gesang ist schreiend, fordernd und inbrünstig. „They’ll hurt me bad/they do it all the time“ ist die Schlüsselzeile dieses Songs und wir fühlen uns so angesprochen angenommen und verstanden, dass wir nicht anders können als Miteinzustimmen. „Please Do Not Go“ nimmt das Tempo zurück und Gano fleht darum nicht verlassen zu werden. „Add It

Up“ ist absoluter Übersong. Das wahnsinnige a-cappella-intro “Day after day/I will walk and I will play/but the day after today/I will stop and I will start” und wie sie dann losstarten, völlig losgelöst setzen Bass, Drums und Gitarren ein. Eine überbordende Ekstase, raketenhaft in die Höhe schnellend. Das genialste Geschrammel, das einem jemals zu Ohren kam, stellt dann auch noch die Teenage-Rock'n'Roll-Gretchen-Frage so deutlich wie's noch keiner getan hat: „why can't i get just one fuck/why can't i get just one fuck/i guess it's got something to do with luck“. Smells like Schweiß, Bier und Zigaretten auf dem Tanzboden klebend. „Confessions“ zieht die Notbremse, schwelgt in ruhigeren Gefilden, kühlt atmosphärisch aber keineswegs ab, beschließt fiebrig Seite eins (hat man 1983 natürlich auf Vinyl gehört). Die Rückseite führt mit „Prove My Love“ bisher Gehörtes furios und exzellent fort und setzt mit „Promise“ noch eins drauf. „To The Kill“ beginnt beinahe free jazzig, deutet an, denkt verspielt um die Ecke. Brian Ritchie, für die brummigen flüssigen Bass-Sounds zuständig, spielt sich mit dem Xylophon auf „Gone Daddy Gone“ in den Vordergrund. Victor de Lorenzos Drums wirbeln schräg und blechern. Gordon Ganos Gesang? Stimmbänder auf Zerreißprobe, das feinste megageilste Gegröl-Genöle seit Lou Reed und Lee Hazlewood. Auf „Good Feeling“ greift Gano zur Violine, Produzent Mark von Hecke spielt Piano und *Violent Femmes* gelangt zu einem scheinbar versöhnlich ruhigen Schlußpunkt. Das Ganze inzwischen als Deluxe Edition (DoCD) wiederveröffentlicht mit der ausgezeichneten „Ugly/Gimme The Car“-Single, Demos, alternativen Versionen sowie frühen Liveaufnahmen. Dieses Album ist Teenage Traum und Albtraum. Und was bitte gibt es für das Cover-Mädchen im weißen Kleidchen hinter der Scheibe des verwahrlosten Verschlags zu sehen?

068. PAISLEY UNDERGROUND
THE DREAM SYNDICATE – The Days Of Wine And Roses (1983)

Die wahren Velvet Underground Erben? – Ja, denn *The Days Of Wine And Roses* und *The Medicine Show* (1984) stehen in dieser Tradition. Schon “Tell Me When It's Over” hat twang-rockende velvet-like Gitarren (Karl Precoda, Steve Wynn) und den Lou-Reed-Gedächtnisgesang (Steve Wynn), dazu das klopfend-monotone Schlagzeug von Dennis Duck und Kendra Smiths stoisches Bassspiel. Mit “Definitely Cleaning" legen sie noch nen Zahn zu. Minimalistisch-monoton schnelle Rhythmen und Stromgitarren mit Reißzähnen. „That's What You Always Say" strebt empor, klare optimistische Rhythmen mit melodiösen Unterströmungen, die immer wieder von Precodas Gitarre konterkariert werden. "Then She Remembers" geht bis an die Zahmwurzeln, das rumpelt, rockt und nervt aufs Angenehmste. Den Steve Wynn Kompositionen folgt „Halloween" von Karl Precoda, ein hypnotischer Song, der in bizarren Schattierungen leuchtet. „When You Smile" beginnt mit einer Feedback-Schleife und steigert sich zu einem schleppenden Mid-Tempo-Song mit lässigem Groove und tief in die Magengrube zielenden Bassläufen (Kendra Smith). „Until Lately" hat gewissen Jazzflair, der sich in den Twang-Gitarren verflüchtigt, Steve Wynn wird zum Löwen, Karl Precoda krallt in die Saiten. Auf „Too Little, Too Late" kommen wir in den Genuss von Kendra Smiths Stimme, die zu minimalistischer Gitarrenmelodie ihren Text auf naiv-sympathische Weise vorträgt. Mit dem Titelsong zum Abschluss gibt's nochmals die pure Dream Syndicate Gitarrenmagie. Nach Dream Syndicate gab es Soloalben von Kendra Smith und Steve Wynn veröffentlicht bis heute Alben, die mal mehr, mal weniger an das legendäre *The Days Of Wine And Roses* erinnern. Höre die expanded version von 2001 und Steve Wynns Solo-Werke (siehe Blue Rose Records)! Das Beste vom sogenannten Paisley Underground.

069. POP-REIGEN
LLOYD COLE AND THE COMMOTIONS – Rattlesnakes (1984)

Den perfekten Pop-Song zu schaffen war ein Anliegen der 80er und mit *Rattlesnakes* ist der Glasgower Lloyd Cole mit seinen Commotions dem sehr nahe gekommen. Im Dunstkreis der damaligen Indie-Szene mit Schrammelgitarren- und Postcard-Bands, gelang es Cole gleich bei einer großen Plattenfirma unterzukommen. Basierend auf Folk-Rock-Melodien, ein Schuss Blue-Eyed-Soul, intelligent-ironische Texte sowie Coles eigenwilliger Gesangsstil, von den Commotions bestens in Szene gesetzt, gelang ihnen ein bemerkenswertes Debüt. Startet mit „Perfect Skin" gleich richtig durch, wunderbare Jangle-Melodie, spiralenförmiger Ohrwurm mit lässigen Gitarren und interaktivem Bandspiel. „Speedboat", ein kleines Drama mit gespenstischen Keyboard-, Bass- und Drumsounds zu Beginn, unterbrochen von lichten Gitarren und Coles Wechsel zwischen dunklem und erhellend-befreiendem Timbre, das sich dann auch noch in Streicherarrangements betten darf. Auf „Rattlesnakes“ fliegen wundersam gezupfte Akustikgitarren mit den Streichern und Coles smartem Gesang in himmlische Pop-Gefilde. Wahre Freuden und Wonnen! Bietet uns auch „Down On Mission Street“ und mein persönlicher Lieblingssong „Forest Fire“, ein Liebeslied, das wie ein Luftballon aufsteigt, schwebt und leichtfüßig tänzelnd seine Kreise zieht. Mit „Charlotte Street“, „2CV“ und „Four Lights Up“ setzt sich der Pop-Reigen wundersam fort. „Patience“ ist mild wie ein Frühlingsmorgen, Tau glitzert unter den ersten Sonnenstrahlen. Verziert von feinen weiblichen Background Vocals, so auch das finale „Are You Ready To Be Heartbroken?“. Glücklicherweise bekommen wir auf der CD-Version noch vier Bonus-Tracks, Single-B-Seiten, die als solche nicht zu erkennen sind, weil erstklassiges 1A-Matreial. *Rattlesnakes* hat nicht nur viele Highlights, dieses Album ist einziges Highlight. Lässt die Sonne von Los Angeles in Glasgow scheinen. Was sollte einem derartigen Pop-Meisterwerk folgen? *Easy Pieces* (1985) war *Rattlesnakes* durchaus ebenbürtig, konnte jedoch weder bei Kritikern noch Publikum die Anfangseuphorie fortsetzen. Danach wurde es still um Lloyd Cole, doch mit *The Negatives* (2000), *Etc.* (2001) und *Music In A Foreign Language* (2003) gelangen ihm wieder mehr als hörenswerte Aufnahmen. Call it Songwriter-Pop! Sei glücklich!

070. SOUL SEX NIGHT PRAYER
BOBBY WOMACK – The Poet II (1984)

After-Disco-Smooth-Soul-R&B vom Allerfeinsten. Voller Leidenschaft, Eleganz und atmosphärisch-schwülem Sex. Verführt und umgarnt. „Love Has Finally Come At Last“ verspricht uns Bobby mit kräftig-warmen Vocals, in die Patti LaBelle förmlich einfällt, ihre Stimme sonor und umfangreich, immer eine Spur zu großspurig und übermächtig, fast zerrend und doch mit so much Soul, dem wir alles verzeihen. Ein weiteres Womack-LaBelle-Duett kriegen wir mit „It Takes A Lot Of Strenght To Say Goodby“ und wir wissen was ein Abschied erfordert. Wahr und warm empfunden. Glitzernde Pianowellen leiten „Through The Eyes Of A Child“ ein, dazu dramatisierende, in den Bauch treffende Basstöne, Womack schmachtet,

Kätzchen und Raubkatze nicht weit voneinander entfernt und abermals schreit sich Patti in ihre LaBelle-Ekstase. Die Bläsersektion bauscht auf und wärmt, finale Vokalduette im Soul-Bett. Drei Balladen lang in roten Satinlaken posiert und gerankt erleben wir nun unsere „Surprise, Surprise“, midtempo soul-groovend tänzeln wir dem Morgengrauen entgegen, was sich zum motown-like „Tryin' To Get Over You“ noch steigert. „Tell Me Why“ tanzt weiter, überproduziert und fett, viel zu viel Synthiegewimmer, aufgeplustert und doch genau richtig für armrudernden Tanzflächen-Groove. Dunkle Achselschweißflecken bedecken das weiße Hemd, sofern man nicht einen dunkelroten Lederanzug wie Bobby Womack auf dem Cover trägt. Dazu die überdimensionale das halbe Gesicht überlagernde Brille. So klingt dann auch „Who's Foolin' Who“, überproduziert und doch von Womacks Gesang nicht nur gerettet sondern getragen und auf Tanztauglichkeit getrimmt. Es folgt die absolute Überballade auf *The Poet II* „I Wish I Had Someone To Go Home To“. Um die Ecke schleichende Pianosounds, wummernd-warme Bässe, Keyboard-Teppiche, die zum Hineinlegen einladen, Womack soult und schmachtet, stößt spitze Schreie in die Nacht. Die pure Sehnsucht. Night Prayer! Schnipsel aus Martin Luther Kings I-Have-a-dream-Rede enthält der Schlusssong “American Dream”, wieder balladesk groovend und mit viel Soul-Charme aus Womacks Kehle. Weiterhören: *The Poet* (1981) und natürlich auch sein exzellentes Frühwerk.

071. ZEITLOS
CHRIS ISAAK – Silvertone (1985)

Mit seinem Debüt-Album *Silvertone*, benannt nach seiner ausgezeichneten dreiköpfigen Begleitband, war Isaak Mitte der Achtziger zu Lebzeiten Roy Orbisons dessen legitimer Nachfolger. Auch ein Ricky Nelson und Elvis Presley muss im Chris Isaak Kontext genannt werden, nicht nur der Frisur wegen. Große Namen werfen also ihre Schatten voraus, wenn man ein Album mit Retro Sounds der Fünfziger und Sechziger Mitte der Achtziger herausbringt. Doch Isaak scheitert grandios, um es mal augenzwinkernd zu kommentieren. Inzwischen sind wir alle klüger und sagen zeitlose Musik dazu. Also nichts wie rein mit der Scheibe in unseren Inselkoffer. Zum „Dancin'“ fordert uns der Opener auf, vibrierende Gitarrensounds, spannungsgeladene

Rhythmen und Isaaks romantisierende Stimme, die zwischen Falsett und dunklen Timbres schwingt, weisen schon den Weg des ganzen Albums. „Talk To Me“ mit wühlenden Basssounds und blubbernden Rhythmen und einem leidenschaftlich-verzweifeltem Isaak. „Livin’ For Your Lover“, „Back On Your Side“, “Voodoo” und “Funeral In The Rain” sind melodiöse Teenage-Pop-‘n’-Roll-Retro-Songs allererster Güte. All Songs by Chris Isaak, Hut ab! Anerkannter Songwriter auch in Cineasten-kreisen, kein geringerer als David Lynch hat Isaaks “Wicked Game” in seinem Film “Wild At Heart” als Soundtrack-Song verwendet. Doch zurück zu *Silvertone*, „The Lonely Ones“ hat Power und lotet die Tiefen des Raumes aus, „Unhappiness“ mit treibend-hüpfenden Rhythmen (Prairie Prince- Drums/Chris Solberg – Bass) und verfremdetem Saitensoundscapes von James Calvin Wilsey, der auf *Silvertone* ein bestechendes Gitarrenspiel abliefert, man höre wie er (nicht nur) auf „Tears“ und „Gone Ridin’“ seine Slides schlängeln und die Sounds vibrieren lässt. In allerbester Roy Orbison Manier fliegt uns „Pretty Girls Don’t Cry“ ins Ohr. Schöner als mit dem Presley-Like „Western Stars“ könnte das Album nicht ausklingen. Erwähnt werden muss die glasklare und doch warme Produktion von Erik Jacobsen. Chris Isaak ist auch heute noch aktiv, variiert sein Songwriting ohne die Wurzeln, die er mit *Silvertone* geschlagen hat, zu vernachlässigen. Timeless Retro. Passionate!

072. FLOWERS FLY
THE SMITHS – The Queen Is Dead (1986)

Die Smiths sind so was wie die Urväter und Wurzeln des Brit-Pop. Zu Beginn der Achtziger, die Zeit von Goth-Rock, Synthie-Pop und New Wave, waren die zerbrechlich-poetischen und persönlichen Smiths-Songs etwas außergewöhnliches. Mit *The Queen Is Dead* schufen sie ein komplexes zeitloses Meisterwerk. Das Titelstück rockt so wie die Smiths rocken, nicht im konventionellen Stil, sondern subtil und eindringlich. Morriseys Gesang schwelgt melancholisch, ohne pathetisch zu werden. Seine Lyrics eindrucksvoll: „We can go for a walk where it’s quiet/and we can talk about precious things/like love and law and poetry/these are the things that kill me”. Dazu Johnny Marrs Hubschrauber-Jangle-Gitarren und die atmosphärische Rhythmusarbeit von Andy Rourke (Bass) und Mike Joyce (Drums). „Frankly,

Mr.Shankly“ mit Reggae-Anleihen, ein verspielt fröhlicher Pop-Song, während „I Know It's Over“ als zärtlich-intime Ballade mit sanften Gitarren und leidendschönen Morrisey-Vocals daherkommt. „Never Had No One Ever“ wirkt zunächst theatralisch, entfacht aber dann Emotion und Natürlichkeit. Auf „Cemetery Gates“ fliegt Morriseys Stimme im Gleichklang mit Marrs vorzüglichen Gitarren, ein munteres Zwischenspiel. „Bigmouth Strikes Again“ hat ein dicht gewebtes Gitarrennetz, Morrisey schwingt empor mit Ann Coates' Backing Voice: „Bigmouth, bigmouth/bigmouth strikes again/and I've got no right to take my place/with the Human race". Das Herzstück von *The Queen Is Dead.* Mit vordergründig schrammelnden Akustikgitarren und herrlich-wimmernder Morrisey Stimme schwingt „The Boy With The Thorn In His Side“. Dem von countryesken Rhythmen getragenen „Vicar In Tutu“ folgt "There Is A Light That Never Goes Out". Wird von lieblicher Melancholie und Melodie durchströmt, untermalt von wundersamen Streicherarrangements. Wir hören die Blumen fliegen. Mit „Some Girls Are Bigger Than Others“ schließt dieses komplexe Album. Lyrisch, ernst und doch von leichter Hand. Gloomy and gentle, flowers fly.

073. BUT THIS IS ONLY THE BEGINNING
ELVIS COSTELLO AND THE ATTRACTIONS - Blood & Chocolate (1986)

"Blood and chocolate/I hope you're satisfied what you have done" so spottet Costello vorwurfsvoll die ersten Zeilen des Openers "Uncomplicated" heraus, seine Attractions rumpeln was das Zeug hält und am Ende des Songs droht er "You think it's over now/But this is only the beginning". Mister Mac Manus hält was er verspricht. „I Hope You're Happy Now“ spiegelt die ganze Desperation des Verlassenen, der über den „Neuen“ spottet und doch die Angebetete meint, sich selbst ins Absurdistan manövrierend: „If I knew what I know now I never loved you anyhow/And I hope you're happy now“. Danach „Tokyo Storm Warning" mit dylanesken Lyrics und monoton vorwärtstreibenden Rhythmen. Ruhiger und nachdenklicher kommt „Home Is Anywhere You Hang Your Head“ daher. Ein gewisser Mr. Misery, verliebt aber nicht erhört, kriegt sie nicht aus dem Kopf und leidet: „Home isn't where it used to be/Home is anywhere you hang your head“. Die

Fortsetzung folgt als wunderschöne sechsminütige Liebeserklärung „I Want You“ mit akustischer Gitarre und beinahe mantrahaft bittend. Dann stolpert Elvis und seine Attraktionen durch „Honey Are You Straight Or Are You Blind“, zynisch flehend und seelenvoll geschrieen. „Blue Chair“ wiegt sich in Fröhlichkeit und Melancholie. Mit „Battered Old Bird“ gelingt ihm gar sein Desolation Row, was die Lyrics betrifft. Musikalisch gesehen eine sanft-raue Ballade, die laut-leise pendelt, die Gitarre scheppert, das Piano wird drohend angeschlagen, gallige Shouts und weiche Vocals dringen aus Costellos Kehle. Bittersweet! Das Herz von *Blood & Chocolate*. „Crimes Of Paris“ ist verspielt, „Poor Napoleon“ bunt schillernd, fast psychedelisch und doch mit Bodenhaftung. „Next Time Round“ beschließt das Album so wie es begonnen hat, vorwurfsvoll spottend im typischen Rumpel-Attractions-Sound. Kongenial produziert von Nick Lowe, der auf einigen Stücken die akustische Gitarre zum Besten gibt. Ruppiger und doch reifer in seiner Gesamtheit als *„This Year's Model“* (1978) und weniger intellektuell-versponnen als *„Imperial Bedroom“* (1982). His Masters Work. Unbedingt die Ausgabe mit Bonus Disc (15 Tracks!) von 2002 auf Edsel Records erstehen!

074. GO FORWARD
THE GO-BETWEENS - Liberty Belle And The Black Diamond Express (1986)

Die haben gut lachen, wie sie da so sitzen auf dem Kanapee, s/w Cover, damals 1986 auf dem Weg *die* Popband zu werden und, ungerechte Welt, die nicht hören will, es kam anders als ihnen gewünscht und vergönnt. Doch das ist Geschichte, die uns aufs wundersamste eingeholt hat (nach guten bis sehr guten Soloplatten Forsters und McLennans setzten sie sich als Go-Betweens fort und spielten zwei ausgezeichnete Alben ein: 2000 *The Friends Of Rachel Worth* und 2003 *Bright Yellow Bright Orange*). Ihr Meisterwerk aber ist und bleibt *Liberty Belle And The Black Diamond Express*, während auf ihrer vorigen Scheibe *Spring Hill Fair* die Sonne am aufgehen ist, nimmt sie hier ihren südlichen Mittagslauf. Und beginnt doch mit einem warmen Frühlingsregen („Spring Rain“), gezeichnet von einer optimistischen vorwärtstreibenden Melodie. Danach wird's dunkler „The Ghost And The Black Hat“, wo es heißt: „a hole in the ground/spits dirt at the sun“ und über “The Wrong Road” gelangen wir zum wunderbaren “To Reach Me”, das wieder aus heiterstem Himmel strahlt und fragt: „those demons I just don’t see them/are there any here tonight?“. Nein natürlich nicht, die „Twin Layers Of Lightning“ sind schon in Sicht und bald befinden wir uns „In The Core Of A Flame“ und stimmen mit ein: I’ll stay with love/cos that’s the right word baby/that’s the right word“. Wir wissen, vorwärts ist die einzige Richtung, wird uns vor Augen und in die Ohren geführt auf „Head Full Of Steam“ mit den Zeilen „I’m on that team/that says go forward/with a head full of steam/go forward/go forward/go forward/go forward now“. Bestechend wie einfühlsam und soulful die Texte gesungen werden, die Gitarren schrammeln, aber keiner schrammelt schöner als die Gitarren von Robert Forster und Grant McLennan und die Streicherparts sind reinste Zuckerwatte. „I gotta know is my/apology accepted“ fragen sie im Schlusssong. Herzzerreißend schön und schließlich kann man ihnen nur gratulieren zu dieser hervorragenden Songkollektion. Superb!

075. ERWACHSEN UND AUFRICHTIG
JOHN HIATT – Bring The Family (1987)

Als das Wünschen noch geholfen hat. John Hiatt, von seiner Plattenfirma nach der Traumband gefragt, gelang es tatsächlich die Gewünschten für *Bring The Family* im Studio zu versammeln. Keine Geringeren als Ry Cooder (Electric Guitar), Jim Keltner (Drums) und Nick Lowe (Electric Bass) waren zugegen und leisteten einen entscheidenden Beitrag zu diesem Meisterwerk, das mit „Memphis In The Meantime“ seinen Anfang nimmt. Hiatts Stimme, mit speziellem verrauchtem Timbre ausgestattet, treibt auf groovenden Rhythmen, it’s Memphis Sound! „Alone In The Dark“ beginnt mit ausladenden Gitarren-Slides von Ry Cooder, Hiatt singt spitzstimmige Vocals, Keltner und Lowe bauen ein sattes Fundament. „Thing Called Love“ zieht wie eine Lokomotive, es rockt und rollt. „Lipstick Sunset“, die erste von fünf hervorragenden Balladen auf diesem Album, hat weiches Akustikgitarrenspiel, unvergleichliche Ry Cooder Slides und Hiatts wandlungsfähige Stimme. Zeilen wie „There’s a lipstick sunset/Smeared across August sky/There’s a bitter sweet perfume/Hanging In The Fields“ vermitteln die Moods des Songs am Besten. Die wunderschöne Pianoballade“ Have A Little Faith In Me” beweist Hiatts gesangliches Spektrum, phasenweise erinnert er an Elvis Costello, was für ein großartiger Song! Mit „Thank You Girl“ kriegen wir einen Rolling-Stones-Like Honky Tonk Song. Zerbrochene Liebschaft ist das Thema von „Tip Of My Tongue“ und Cooders Gitarren sind traurig-schmeichelnd gestimmt, Bass und Drums schleppen sich eine verstaubte Straße entlang, Hiatt singt, um seine Schuld wissend, versonnen und ausdrucksstark. Es folgt „Your Dad Did“, ein melodiöser Rhythm & Blues Rock Song mit lässigem Groove. Beseelt und aufrichtig präsentiert sich Hiatt stimmlich und textlich mit „Stood Up“. Die Band begleitet ihn mit schleppenden bluesverwandten Rhythmen. Die Lyrics zeigen einen erwachsenen Hiatt, was folgende Zeilen beweisen: „Now they gave last call for alcohol/And no one has to carry me home/You see I only work here now man/My drinking days are long gone“. Berührend nicht nur was, sondern wie er es singt. Trifft auch auf „Learning How To Love You“ zu, eine Ballade, die nur Hiatts Akustische, seine Stimme plus Nick Lowes Harmony Vocals bietet, aber ehrlich und emphatisch vorgetragen wird. Der ewige Kritikerliebling mit seinem besten Album. *Bring The Family* handelt vom Erwachsen werden, Verantwortung tragen und Aufrichtigkeit.

076. SAMT UND STAUB
MARIANNE FAITHFULL – Strange Weather (1987)

Ein Album voller Reminiszenzen an beispielsweise Marlene Dietrich, Billie Holiday, Doc Pomus, Mac Rebennack, Tom Waits und und, ein Namedropping sondergleichen ließe sich hier aufführen. War das großartige *Broken English* (1979) noch von Aufbruch und pumpend-fordernden New-Wave-Rhythmen geprägt, so ist *Strange Weather* einzigartige Elegie. Das „Stranger Intro“ führt uns in einen wuchernden Garten, der direkt zum „Boulevard Of Broken Dreams“ führt. Eine Zigeuner-Violine, Tango-Rhythmik, wir finden uns in einem abseitigen verrauchten Cafe irgendwo in Budapest wieder und die Faithfull führt uns vor, den Weg aus der Gosse zur Sophisticated Lady. A-Cappella gibt sie Huddie Ledbetters „I Ain’t Goin’ Down To The Well No More“ zum Besten. „Yesterdays“, als Billie Holiday Interpretation im kollektiven Ohr, hier mit Goldstaub und voll dunkler Romantik mit ruhig-bedrohlichen Bassläufen von Fernando Saunders und Marianne Faithfulls gleichmäßiger eindrucksvoller Nikotin-Stimme. Danach das verspielte „Sign Of Judgement“ nur mit akustischer Gitarre (Bill Frisell) und Faithfulls Stimme. Charme und Trauer als leichtes Spiel. Wie auf den Leib geschrieben ist ihr das Titelstück, die Tom Waits/Kathleen Brennan Komposition „Strange Weather“. Eine Woge an knarzend-splitternden Basssounds, Akkordeonwellen, in die sich die Faithfull wie in einen flauschigen Nerz legt. Vor dem geistigen Auge fallen schwere weinrote Samtvorhänge. Auf „Love, Life And Money“ wird sie nur von dem exzellenten Mac Rebennack aka Dr.John begleitet und hat allen Blues dieser Welt, trotzig-verzweifelt singt Marianne Faithfull „If it's gonna rain down misery/Why it's all gonna fall on me“. Wem anderem als ihr schenken wir Glauben. Dunkel und warm interpretiert sie Bob Dylans „I'll Keep It With Mine“. Zu Pomus/Rebennacks „Hello Stranger“ füllen wir den Rest des schweren Roten ins Glas und ziehen die letzte Zigarette aus dem Päckchen. Mag nach Klischee klingen, hier swingt es uns langsam gen Morgengrauen zur „Penthouse Serenade“ mit herrlichen Streicher- und Bläserarrangements. „As Tears Go By“ hat sie einst als unschuldigen Folk-Song vorgetragen, hier als versonnene schwermütige Ballade, Zwiegespräch zwischen der vergangenen und 1987 gegenwärtigen Faithfull. Mit „A Stranger On Earth“ verschwindet dieses Album in einer tiefen dunklen Nacht, der Morgen graut, schwere Nebel liegen auf einer Welt aus Samt und Staub.

077. FRÖHLICH-CARELESS POP
THE TRAVELING WILBURYS – The Traveling Wilburys (1988)

Tanzen, Spaß haben und Zurück lehnen. All dies kannst Du zu diesem Album einer sogenannten Supergroup. Ein Wort, das eigentlich sofort Verkrampfung und Brechreiz auslöst. Das genaue Gegenteil ist bei den Wilburys der Fall. Erwartungen an eine Supergroup, die George Harrison (Nelson Wilbury), Tom Petty (Charlie T.jun. Wilbury), Roy Orbison (Lefty Wilbury), Bob Dylan (Lucky Wilbury) und Jeff Lynne (Otis Wilbury) beheimatet, sind monumentale. Ein nach-den-Sternen-greifen impliziert alleine das Aufzählen dieser großen Namen. Doch die fünf Größen haben einfach eine gute Zeit, spielen Pop mit jokes, Roots Rock Feeling, Melodien und jeder Menge Spaß. Sie nehmen fast nichts ernst und machen alles richtig. Das klingt auch heute noch frisch und unverbraucht, hat nicht einen Deut Patina angesetzt. Beginnt mit der Single „Handle With Care“, ein Pop-Hit, wie er besser nicht gemacht sein könnte. George Harrison singt Lead Vocals, doch absolut göttlich wenn Orbison seine Solo-Zeilen „I'm so tired of being lonely/I still have some love to give/Won't you show me that you really care“ zum Besten gibt. Absoluter Ohrwurm, kann dich durch den Tag retten. Dann singt Dylan Lead auf „Dirty World“ und man hat ihn seit den *Basement Tapes* nicht mehr so entspannt und laid back gehört. „Rattle“ und „Last Night” trägt die Handschrift Tom Pettys und Jeff Lynnes. Die Zwischendruch-Vocals und roaring rrrrrrr's Roy Orbisons sind mehr als Detail, sprich: die Goldglasur dieser Songs. Lead Vocals singt er auf „Not Alone Any More“, ein echtes hochkarätiges Orbison-Original. Welch Stimme, welch Feeling!!! Immer wenn es etwas zum Gratulieren gibt sollte man "Congratulations" auflegen, Bob Dylan singt Lead, die Melodielinie von einer ausholenden Gitarre geführt. „Heading For The Light“ wird von George Harrison Lead gesungen, nicht nur hier blitzt Beatles-Genialität auf. „Margarita“ ist ein Instrumental mit Gesang, wenn man so will. Von Bob Dylan wird „Tweeter And The Monkey Man“ gesungen, eine Bruce Springsteen Parodie, die dem Boss zuzwinkert. Mit „End Of The Line“, Tom Petty singt Lead, endet das Album so ohrwurmartig wie es begonnen hat. *The Traveling Wilburys* ist ungewöhnlich und einzigartig. Einziger Wermutstropfen, dass Roy Orbison kurz nach Veröffentlich des Albums einer Herzattacke erlag. Nichtsdestotrotz: The most fröhlich-careless Pop-Platte ever made.

078. ROCK'N'ROLL SHORT STORIES
LOU REED – New York (1989)

Zig Alben hat der gute Lou schon veröffentlicht. Nicht alle waren immer durchgängig von hoher Qualität. *New York* dagegen schon, Reed hat hier all sein Können gebündelt. Dabei heraus kam ein Meisterwerk, das wir sogleich in unseren Insel-Koffer packen. Das Eröffnungsstück „Romeo Had Juliette“ hat schon diese lässige Reed-Manier, wie aus dem Ärmel geschüttelt, und natürlich street credibility, was sich auch über die „Halloween Parade“ sagen lässt. Dann streunen wir über den

„Dirty Blvd.“ und begegnen Pedro, der für seine Familie betteln muss und davon träumt seinen Vater zu töten und das Leben auf der Strasse hinter sich zu lassen. „I hope I can disappear/And fly fly away form the dirty boulevard“. Reed verfasst auf *New York* eindringliche Rock'n'Roll Short Stories, die sowohl textlich als auch musikalisch unter die Haut gehen. "Endless Cycle“ beschreibt mit twangenden Gitarren und schleichenden Rhythmen die Aussichtslosigkeit aus dem Kreislauf von Drogen- und Alkoholkarrieren auszubrechen. „There Is No Time“ kommt schnell und gehetzt daher, exakte auf den Punkt gespielte Schlagzeug- und Gitarrenrhythmen. Hier spukt der Geist der Velvets. Noch mehr auf „Last Great American Whale“, denn keine Geringere als Maureen Tucker klopft hier die Trommeln, Rob Wassermans Bass rumort, Reeds und Mike Rathkes Gitarrenspiel zieht schlängelnde Kurven. Seine Jazzneigung lebt Lou Reed auf „Beginning Of A Great Adventure“ aus, das große Abenteuer heißt hier Kinder kriegen oder nicht. Und typisch Reed, er setzt sich mit dem Thema zynisch und augenzwinkernd auseinander. „Busload Of Faith“ zeichnet ein düsteres Bild von den gesellschaftlichen Verhältnissen, in denen man sich auf nichts mehr verlassen kann und Reed singt „You need a busload of faith to get by“, wenn das kein Optimismus ist. „Sick Of You“ sagt er dann "Hold On" und schließlich "Good Evening Mr.Waldheim", das so wohl fröhlich-sarkastisch als auch ernsthaft in textlicher und musikalischer Umsetzung zu gefallen weiß. Feurige Gitarren, wie Speere abgeschossen, Reed nölt sprechsingend, die Rhythmen treffsicher. „Xmas In February“ gönnt uns dann eine Verschnaufpause, wenn wir den Text außen vor lassen, denn Lous Song über Vietnam ist voll schrecklicher Wahrheiten. „Strawman“ klagt an mit jaulenden Gitarren und Reed erhebt fordernd die Stimme. „Dime Store Mystery“ ist Andy-Honey gewidmet und wieder darf Maureen Tucker trommeln. Fast sprechend gibt Lou die Lyrics zum Besten, bedrohlich verzerrte Gitarren und dann ist der Spuk vorbei. Reed zeichnet auf *New York* ein verschrobenes schmerzliches Bild der Metropole, literarisch raffiniert und provokant blicken wir durch seine Brille in seelische Abgründe und auf bittere Wahrheiten. Sophisticated!

079. WUNDERBAR VERSPONNEN
TIM BUCKLEY – Dream Letter/Live In London 1968 (1990)

Endlich der dritte der drei großen Tims. Erst 1990, lange Jahre nach seinem Tod, wurde dieses fantastische Konzert veröffentlicht. Obwohl viele seiner Studioalben von hoher Qualität sind, auf den herausragenden sind immer ungefähr drei Viertel der Songs so gleichwertig überzeugend, dass ich mich letztendlich für keines als Insel-Album entscheiden konnte. *Dream Letter/Live In London 1968* ist zu 100 Prozent mit überwältigendem Songmaterial ausgestattet, Buckley singt wie ein Gott, die Begleitmusiker sind Top, die akustisch folk-jazzigen Klänge korrespondieren mit der exzellenten Stimme des Meisters. Wie ein Frühlingserwachen klingt „Buzzin' Fly“, zu Beginn stimmt sich Tim Buckley fast jubilierend auf seine Gesangsdarbietung ein und lässt dann die Stimmbänder in allen Höhen und Tiefen mit den Worten schwingen. Dazu zupft und schlägt er die Akkorde auf der akustisch 12-Saitigen. Lee Underwood spielt mannschaftsdienlich zurückhaltende E-Gitarre, David Friedman zaubert runde Vibraphonklänge und Danny Thompsons Bassspiel wummert in den hinteren Bereichen. Dem verspielt und träumerisch-melancholischen „Phantasmagoria In Two“ folgt der klassische Buckley-Song „Morning Glory“, der mit feinem Spirit Wasser in Wein verwandeln kann. Phänomenal was er aus Fred Neils „Dolphins“ macht. Underwoods Gitarre und Friedmans Vibraphon lassen das Meer glitzern und Buckleys Stimme lässt die Delphine springen. Seine Stimme tremoliert, fliegt in höchsten und tiefsten Tönen. „I've Been Out Walking”, “The Earth Is Broken” und “Who Do You Love” nehmen uns mit in die wunderbar versponnene Welt des Tim Buckley. “Pleasant Street/You Keep Me Hanging On” sind wie zwei ineinander laufende Flüsse. Ohne Bandbegleitung malträtiert Buckley die 12-Saitige, seelisch entblößt singt er sich verzweifelt-sehnsüchtig in eine atemberaubende Trance, die nur unterbrochen wird, weil die erste Scheibe des Doppelalbums zu Ende geht. Mit „Love From Room 109/Strange Feelin“ erfahren wir einen Hauch mehr Jazzharmonien und „Carnival Song/Hi Lily, Hi Lo“, „Hallucinations“ und „Troubadour“ deuten etwas vertracktere Strukturen, sozusagen the other side of T.B., an, ohne jedoch den Song aus den Augen zu verlieren. „Dream Letter/Happy Time“ fasst wieder zwei Songs zusammen, zehn meditativ-hypnotische Minuten. „Wayfaring Stranger/You Got Me Runnin'“ und “Once I Was” beschließen dieses beeindruckende Konzert, das auf Tonträger in seinen Bann zu ziehen weiß, was beileibe nicht jedem Live-Album bescheinigt werden kann. Der begnadete Sänger verstarb viel zu früh 1975. Sein außergewöhnliches und bedeutendes Werk ist lebendiger als je zuvor!

080. SPRÖDER CHARME
VIC CHESNUTT – Little (1990)

Da schrammelt einer auf seiner Akustischen, bläst wie weiland Dylan in die Harp und singt gequält seltsames Zeug ins Mikro. Von irgendwo hinten gesellt sich eine Spielzeug-Orgel dazu und Chorsängerinnen haften sich an diese nörgelnde Stimme. Der Song nennt sich dann auch noch „Isatora Duncan“ und im Hirn reihen sich die Fragezeichen aneinander. Klingt nach amateurhaftem Demoband, ist aber *der* herausragende Singer/Songwriter der neunziger Jahre. Vic Chesnutt, der nach einem Unfall schon längere Zeit im Rollstuhl sitzt, dessen Äuglein listig und wissend blitzen, legte mit *Little* ein außergewöhnliches Debüt hin. Erinnert an die Grossen der Zunft, Dylan, Cohen, Young und hat doch seinen ureigenen Charme. Da hat einer seinen Witz, seinen Schmerz, seine Wehmut in einfache, aber geniale Songs gesteckt und Michael Stipe sei Dank wurden diese aufgenommen und 1990 veröffentlicht. Wie hervorragend die Lyrics sind, entdeckt man dann nach und nach, denn man wird nicht müde diese Scheibe immer wieder zu hören, übt magnetische Anziehungskraft aus. „I'm not a victim, I'm not a victim/I am intelligent, I'm an atheist" singt er voll wehmütiger Inbrunst auf "Speed Racer" und versprüht diesen spröden warmen Charme, so dass man ihm den Atheisten kaum abnehmen mag. Vic Chesnutt ist bis heute aktiv, hat seine Kunst verfeinert, mit diversen Leuten zusammengearbeitet, u.a. Lambchop und viele sehr gute Arbeiten abgeliefert. *Little* ist für mich bis heute sein bestes Album geblieben. Im Booklet sehen wir Vic Chesnutt als kleinen Jungen im Cowboy Kostüm und mit Spielzeug-Gitarre. Gut nachzuvollziehen bei seinen Live Auftritten und vor allem auf *Little*, dass noch heute einiges von diesem kleinen Kerlchen in ihm steckt. Und das ist gut so!

V. 1991-2002 ZWEI ENGEL, EIN MÄRCHEN, NACHTMUSIK & JOHNNY CASH

081. SOUL ELEGANZ / **JOHNNY ADAMS – Sings Doc Pomus: The Real Me (1991)**

082. TWO ANGELS ONE BAD END / **THE JAYHAWKS – Hollywood Town Hall (1992)**

083. LANDSCHAFTEN / **TEX, DON & CHARLIE – Sad But True (1993)**

084. POP ZAUBER / **EDWYN COLLINS – Gorgeous George (1994)**

085. ANGST ESSEN SEELE AUF / **PALACE BROTHERS – Palace Brothers (1994)**

086. EINDRINGLICH UND ERGREIFEND / **ERIC TAYLOR – Eric Taylor (1995)**

087. FREI SCHWEBEND / **NEAL CASAL – Fade Away Diamond Time (1995)**

088. MÄRCHENHAFT / **BELLE & SEBASTIAN – If You're Feeling Sinister (1996)**

089. TEARS ARE BOUND TO FALL / **RON SEXSMITH – Other Songs (1997)**

090. MELANCHOLIE / **NICK CAVE & THE BAD SEEDS – The Boatman's Call (1997)**

091. DAS WESEN DER STILLE / **MARK HOLLIS – Mark Hollis (1998)**

092. THE END IS NOT IN SIGHT /**AMAZING RHYTHM ACES – Live In Switzerland 1998 (1999)**

093. HALLELUJAH / **DAN PENN AND SPOONER OLDHAM – Live/Moments From This Theatre (1999)**

094. NACHTMUSIK / **M.HEDEROS & M.HELLBERG – M. Hederos & M. Hellberg (2000)**

095. BLUT UND GOLD / **AIMEE MANN – Bachelor No.2 Or The Last Remain Of The Dodo (2000)**

096. HERZEN BRECHEND, SEELEN BETÖREND / **RYAN ADAMS – Heartbreaker (2000)**

097. EIN FELS, EINE BURG / **JOHNNY CASH – American III: Solitary Man (2000)**

098. SING SING SING / **TRAVIS – The Invisible Band (2001)**

099. WAHRE PERLEN / **TIFT MERRITT – Bramble Rose (2002)**

100. EIN LANGER RUHIGER FLUSS / **LAMBCHOP – Is A Woman (2002)**

Die Neunziger plus Jahrtausendwende. (Die Regierungen machen weiter, die Rock'n'Roll Sänger machen weiter)[1]. Hip Hop, Techno, Drum'n'Bass machen weiter, Pop macht weiter, unser Insel-Buch macht weiter. Vinyl macht weiter. Alle Nischen und Sparten des Musik-Business machen weiter. Mp3 Dateien nehmen ihren Anfang, Illegale und legale Musik-Downloads sowie CD-Brenner und CD-Rohlinge nehmen ihren Anfang. SACDs, Audio-DVDs und Mp3 Player fangen an. Ihr Ende befürchtet die Musik-Industrie. Superstars werden gesucht, Revivals gestartet. Wie immer alle Fragen offen. Gute Musik lebt weiter.

Beispielsweise in den grandiosen Soul-Alben von Johnny Adams sowie Dan Penn & Spooner Oldham, die so manches hochgelobte Hip Hop Soul Album alt aussehen lassen. Fast unbemerkt kehrte die Southern Soul Rock Legende The Amazing Rhythm Aces mit einem famosen Live-Album zurück.

Die zwei Engel dieser Jahre heißen Mark Olson und Gary Louris, seinerzeit besser bekannt unter dem Namen The Jayhawks. Ihnen gelingt eines ***der*** Americana Meisterwerke. Mit engelsgleichen Stimmen jubilieren sie auf *Hollywood Town Hall* in paradiesische Gefilde. In Seelen- und Wüstenlandschaften führten uns Tex, Don & Charlie, während Neal Casal frei schwebende Diamanten-Songs aus dem Hut zauberte. Will Oldham überzeugte als Palace Brothers mit einem rabenschwarzen, umso intensiverem Alternative-Folk-Album.

Der Americana King wird Ryan Adams mit seinen intimen *Heartbreaker* Songs. Zu meiner eigenen Überraschung, aber verdientermaßen, wird Tift Merritt die Queen des Genres.

Johnny Cash ist ein Monument. Seine von Rick Rubin produzierten Alben sind testamentarische Vermächtnisse. Legende zu Lebzeiten und nach seinem Tod.

Nachtmusik in Form von Vocals-Piano-Songs vom schwedischen Duo M.Hederos & M.Hellberg mit unvergleichlichen und unglaublichen Cover-Versionen einerseits, andererseits von Lambchop aus Nashville, deren *Is A Woman* als langer ruhiger Fluss strömt, auf welchem wir *The Boatman's Call* von Nick Cave & The Bad Seeds vernehmen.

Britische Pop-Magie der Sonderklasse, die sogar einen Charts-Hit produziert, schenkt uns Edwyn Collins. Belle & Sebastian erzählt ein filigran-intellektuelles Märchen mit dem Titel *If You're Feeling Sinister*. Dann erfährt das United Kingdom anhand von Travis, dass es ein Leben nach The Beatles und The Smiths gibt.

[1] Brinkmann, Rolf Dieter: Westwärts 1&2. Rowohlt Taschenbuch Verlag GmbH. Reinbek bei Hamburg. Mai 1975.

Die Singer/Songwriter Szene ist lebendiger denn je, die herausragenden Alben von Eric Taylor, Ron Sexsmith, Mark Hollis und Aimee Mann unterstreichen dies eindrucksvoll.

Keep On Keepin' On:

081. SOUL-ELEGANZ
JOHNNY ADAMS – Sings Doc Pomus: The Real Me (1991)

Doc Pomus war einer, wenn nicht gar der große Songwriter (z.B. „Save The Last Dance For Me“) des Rhythm & Blues und Johnny Adams einer seiner Lieblingssänger. Kein Wunder also, dass dieses Album so hervorragend funktioniert. Das Cover zeigt Johnny Adams auf gelbem Hintergrund rot ausgeleuchtet im feinen Zwirn mit Krawatte, die ausholenden großen Gesten stellen sich beim Hören ein. Der Opener „Imitation Of Love“ zeigt schon die tadellose und beseelte Vortragsweise von Adams. Filigran wie Dr.John über die Pianotasten fliegt und Duke Robillard exzellente Gitarrenarbeit leistet, die Bläsersätze warm und elegant. Man sieht förmlich Beine übers Tanzparkett fliegen. Late-Night-nachdenklich dann „Still In Love“, Dr.Johns Piano funkelt, Johnny Adams croont, Alvin „Red“ Tylers Bläserarrangements wie roter Samt. Eine elegante Soul-Romanze. Auf “There Is Always One More Time” bluest und smootht Adams, wieder kongenial von den Begleitmusikern umgesetzt. Von feiner beschwingter Boogiemelodie wird „My Baby's Quit Me“ getragen. „She's Everything To Me“ hat alles was eine Rhythm & Blues Ballade braucht, leidenschaftlichen Gesang, gefühlvolle Tastenarbeit, pointierte Rhythmen, einfühlsame Gitarrenlicks und eine transparente Produktion. „I Underestimated You“ leidet und fordert. „Blinded By Love“ sind sechs Rhythm & Blues-Soul-Jazz-Minuten, die einen zum Schwärmen und Schwelgen bringen. Elegant und champagnersüffig, leidend und stolz, ohne jegliche Arroganz, traurig-schön. Der „Prisoner Of Life“ bluest und stellt fest: „The Night Is A Hunter“ und „No One“ der's so kann wie die Eine. Schließlich findet sich „The Real Me“, Adams soult über einer tiefen Basswiege, Dr.John streichelt das Piano, allmählich werden Schlagzeugfelle gestrichen. Berührend und eindringlich! Längst ist der Krawattenknoten gelöst, das Jackett hängt über der Stuhllehne, in der Champagnerflasche ein letzter warmer Rest. Es riecht nach kaltem Zigarettenrauch. Ein Schein vom Sein? Nein, wahrhaftige Soul-Eleganz!

082. TWO ANGELS ONE BAD END
THE JAYHAWKS – Hollywood Town Hall (1992)

Diese Stimmen! Diese Emotionen! Und Melodien die sich gen Himmel strecken! Bezieht sich auf Grosses wie Crosby, Stills, Nash & Young und Gram Parsons, ohne diese zu kopieren. „Waiting For The Sun“ ist rootsy, die Stimmen von Mark Olson und Gary Louris bekommen Flügel, schwingen sich empor, flammende elektrische Gitarren und Benmont Tench lässt die Orgelsounds schweben. „Crowded In The Wings“ hat twangende Gitarren und schönste Olson/Louris Harmonien, was auch für “Clouds” und das Album als Ganzes gilt. Nicht zu vergessen Bassist Marc Perlman und Drummer Ken Callahan, die ein mehr als solides Fundament für diesen Americana-Klassiker legen. Der Übersong auf *Hollywood Town Hall* ist für mich „Two Angels“. Die Zeilen „Two angels, one bad end/This lifetime’s easy/Way back home there’s a funeral“ haben sich für alle Ewigkeit in meine Seele gebrannt, ich komme nicht umhin, sobald ich diesem Lied lausche, in die Olson/Louris Harmonien einzufallen. „Two Angels“ ist Freude und Glückseligkeit pur! Ein Höhepunkt folgt dem anderen, sei es „Take Me With You (When You Go)“, „Sister Cry“ oder „Settle Down Like Rain“, das Album hat keinen Durchhänger. „Wichita“, „Nevada, California“ und „Martin’s Song“ sind weitere Mosaiksteinchen, die zum sonnigen Gesamtbild beitragen. Strahlt und funkelt vor ansteckender Freude und Optimismus, macht schlichtweg glücklich. Das nicht ganz so wundersame, aber sehr hörenswerte Nachfolgealbum *Tomorrow The Green Grass* (1995) war der Schlusspunkt der Jayhawks, was die Zusammenarbeit Olson/Louris betrifft. Louris führte die Band weiter in poppigere Gefilde, Mark Olson veröffentlicht bis heute herausragende Roots-Musik als Solo-Künstler und davor mit The Original Harmony Ridge Creek Dippers. Mittlerweile als The Creekdippers. Fast immer mit dabei seine Ehefrau Victoria Williams mit extraordinärem Gesang. Watch out for more!

083. LANDSCHAFTEN
TEX, DON & CHARLIE – Sad But True (1993)

Erst mal den Staub aus den Stiefeln klopfen, schlurfenden Schrittes zur Bar, ein schneller doppelter Whisky, der restropfenweise in den Stoppelbart sickert. Klingt nach Klischee, ist aber nicht. *Sad But True* führt uns aus der einsamen Wüste in die verrauchte Neon-Bar und wieder zurück. Bevor Don Walkers Stimme einsetzt beginnt „Redheads, Gold Cards & Long Black Limousines“ mit verlorenen Pianotönen, begleitet von schleppenden Valium-Rhythmen und weitflächigen Saitenklängen, in die sich dann Tex Perkins' rau-schmeichelnde Stimme hineinlegt. Erfährt Fortsetzung auf „Postcards From Elvis“, Walker und Perkins teilen sich abermals die Vocals, weich-warme Keyboardflächen gesellen sich zu den slow-motion-artigen Saitenklängen. In unendlich weite, auch seelische Wüstenlandschaften lässt uns „Fake That Emotion“ blicken, wo Perkins verhalten-melancholisch zum Besten gibt: „It's a sad, sad old world/Never known true love/But live won't get too deep/When you're shallow/It's always above you“. Charlie Owen zaubert dazu schwebende Saitenlicks, die sich in der Sonne spiegeln. „The Girl With The Bluebird“, eine Don Walker Komposition, die ihn als Sänger und Pianisten auszeichnet, wieder mit verschleppten Rhythmen und ausgezeichneter Saitenarbeit von Charlie Owen. „I Won't Do“ von Perkins/Owen geht so ins Ohr, dass wir schon beim zweiten Hören des Refrains mit Perkins einstimmen: „But it's alright/Of this you can be sure/I won't do to you/What I done to her“. Die vortreffliche Rhythmus Sektion soll nicht unerwähnt bleiben: Shane Walsh (Bass) und Jim White (Drums). Von Bar-Erlebnissen der etwas anderen Art erzählt „Sitting In A Bar“. Owen lässt die Saiten schleifen, Walker plinkert das Piano, Perkins Stimme klingt nach „half past five“. Der Zigarettenrauch dicht, das Neon schimmert matt, Husten und ein erstes Aspirinverlangen. Danach muss einfach der „Dead Dog Boogie“ folgen, schräges Australien-Angst-Blues-Instrumental, if you know what I mean. Die von Don Walker geschriebenen Balladen „Louise“, „Fateful Day“ und „Danielle“ versetzen uns in die Wüste zurück. Mit „Still The Same“ lauschen wir einem weiteren typischen Perkins-Song, der lange nachhallt. „Though my face is scared/And my hair is grey/Do you recognize me/Am I still the same“ fragt Perkins mehr sich selbst als das imaginäre You, dazu zittert geheimnisvoll Warren Ellis' Violine. Gefährlich, angstgeplagt und todesnah tönt Walkers "Barlow And Chambers". Einen scheinbar versöhnlichen Ausklang bietet *Sad But True* mit Perkins' „I Must Be Getting Soft“: „But now drugs and alcohol/And available women/Don't seem to interest me that much". Gute Vorsätze, die er mit *Far Be It From Me* (1996), *Dark Horses* (2001) und *Sweet Nothing* (2003) wohl kaum befolgt hat.

084. POP ZAUBER
EDWYN COLLINS – Gorgeous George (1994)

War in den Achtzigern Mastermind der völlig unterbewerteten Orange Juice, die mit *You Can't Hide Your Love Forever* (1982) einen Meilenstein britischer Gitarrenmusik setzten. Nach langer Pause veröffentlichte Collins 1994 das bemerkenswerte *Gorgeous George* mit dem überraschenden Charts-Erfolg „A Girl Like You". Der Eröffnungstrack „The Campaign For Real Rock" zeigt schon die Eckpunkte des ganzen Albums auf, Folk- und Glam-Rock, Jangle-Pop und Blue-Eyed-Soul werden hier zu einer genialen Melange bereitet. Edwyn Collins Stimme hat Tiefe und Weite, ist äußerst soulful. Das Ganze wird von exzellenten Begleitmusikern kongenial in Szene gesetzt. Dass „A Girl Like You" zum Hit geriet ist Edwyn Collins mehr als zu gönnen, eine tragende Melodielinie, fett-zerrende Gitarren und Keyboards, tanzbare Rhythmen, dazu Collins' eindrucksvolle Stimme, die zuweilen an David Bowie erinnert. Besinnlich-folkig dann „Low Expectations" mit akustischer Gitarre im Vordergrund, die von weichen Orgelsounds untermalt wird und Collins' einfühlsamer Gesang. „Out Of This World" wird vom elektrischen Piano bestimmt und Collins fragt: „And you turn to them and you say/Love is in this season/But the seasons change/Then what will you believe in?" Das Stück swingt, rockt und groovt, Edwyn zaubert ein Hexengebräu erster Güte. Mit „If You Could Love Me" schüttelt er lässige Funk-Disco-Rhythmen aus dem Ärmel, wir schweben über die Tanzfläche und schwelgen mit Collins' Stimme, die schmeichelt und zweifelt: „If you could love me/Like I love you". Mister Dennis Bovell am Bass sorgt für den speziellen Groove. „North Of Heaven" ist eine akustische Gitarrenballade mit dem eingängig-schönen Refrain: „Things can only get better/What's around the corner/Who can tell?/I'll build a little place just north of heaven/I'm kinda tired of living south of hell". Weiter im Flow mit dem Titelsong "Gorgeous George" und "It's Right In Front Of Me", stilvolle, elegante und sexy Songs, abermals Tanzflächenleichtigkeit. Mein persönlicher Favorit ist das beschwingt-melodiöse „Make Me Feel Again“, der heimliche Hit des Albums. Macht fröhlich und lädt zum Mitsingen ein. Auf „I've Got It Bad“ macht uns Collins auf der Gitarre den Hendrix, ohne damit anzubiedern, er benutzt lediglich und fügt es in sein Pop-Programm ein. Am Ende das gefühlvolle „Subsidence“ (plus ungelisteter Track), das dieses großartige Singer/Songwriter-Pop-Album zu einer runden Sache geraten lässt. Erst kürzlich hat Edwyn Collins mit *Doctor Syntax* (2001) ein weiteres Pop-Kunstwerk vollbracht.

085. ANGST ESSEN SEELE AUF
PALACE BROTHERS – Palace Brothers (1994)

Gerade mal 27 Minuten lang dauert das zweite Album der Palace Brothers, die auch unter den Namen Palace und Palace Music Platten veröffentlichten und doch immer nichts anderes waren als Werke Will Oldhams (siehe auch die Johnny Cash Kritik 097. Ein Fels, eine Burg / *Solitary Man*). Auf *Palace Brothers* ist bis auf eine Ausnahme („Come A Little Dog“) ausschließlich Oldham mit scheinbar unsicher gespielter akustischer Gitarre zu hören. „You Will Miss Me When I Burn“ hat die schön-traurigen Zeilen „When you have no one/No one can hurt you“, die Oldham mit brüchiger finsterer Stimme vorträgt. Intensiv und berührend. „Pushkin“ mit den Zeilen „God is the answer/God lies within“ wirkt angespannt und starr, zeigt eine zerrissene Seele, die keinen Trost findet, die dennoch nicht müde wird monton zu wiederholen „God is the answer“. „Come A Little Dog“ hat spärliche Begleitmusik und –gesang. Es wird sogar gebellt und das ist keinesfalls lustig. „I Send My Love To You“ ist eine Liebeslied-Aufzählung der etwas anderen Art. Bittersüss und eindringlich! Beinahe kahl und freudlos trägt Oldham „Meaulnes“ vor, hat aber so viel emotionale Kraft, dass sich einem die Nackenhaare sträuben. „No More Workhorse Blues“ hört sich nach verlorener angst-geplagter Seele an, traurig, brüchig und doch zunehmend mit grimmigem Stolz gesungen. Fast zärtlich dagegen „All Is Grace“ und „Whither Thou Goest“. Mit „(Thou Without) Partner“ und „I Am A Cinematographer“ gelingen ihm weitere intensivste Balladen, die an die Nieren gehen. Gänsehaut-Songs! Nick Drakes *Pink Moon* nicht unähnlich, was Intensität und Empathie angeht. Seine Lyrics sind schwer fassbar, eigentümlich klagend ohne falschen Pathos. Angst essen Seele auf. *Palace Brothers* ist Will Oldhams einfachstes, gleichzeitig bestes Album. Alle Veröffentlichungen sind mehr als hörenswert und unter seinem derzeitigen Pseudonym Bonnie Prince Billy hat er erst kürzlich mit *Master And Everyone* (2003) ein weiteres Glanzlicht kreiert.

086. EINDRINGLICH UND ERGREIFEND
ERIC TAYLOR – Eric Taylor (1995)

Exzellenter, viel zu unbekannter Singer/Songwriter, der sich zumindest in Texas einen Namen gemacht hat und Leute wie Lyle Lovett, Nanci Griffith und June Tabor beeinflusste, die auch seine Songs aufnahmen. Benutzt Folk, Country und Blues als Grundlage für sein außergewöhnliches Songwriting. Taylor verkörpert den Singer/Songwriter als Storyteller. Das Album beginnt mit „Dean Moriarty“ (eine Jack Kerouac Romanfigur), gedankenverloren zupft Taylor die akustische Gitarre, sanfte Pianotupfer (Michael Ramos) setzen ein, dann Taylor mit aufrichtiger Stimme, nachdenklich erzählend. Im Chorus gesellen sich Kris McKays emotionale und sonore Vocals zu Taylors speziellem Timbre und setzen exquisite Kontraste. „Dean Moriarty“ ist eine intime 6-minütige Ballade, die gefangen hält und den Atem ins Stocken bringt. Eindringlich und ergreifend. „Prison Movie“, mit voller Bandbegleitung, die sich aber vornehm zurücknimmt, malt sanfte organische Farben um Taylors Gesang, dessen Akustische langsame exakte Runden dreht. Vordergründiger sind seine Begleitmusiker auf „Hey Little Rider“ zu Gange. Hat Blues-Feeling, klagende und fordernde Rhythmen und Zeilen wie „The only promise I'll make to you is/The sea is green and the sky is blue“ zu bieten, die Lyle Lovett als Backgroundsänger auszeichnet. Traurige Cello- und Violinenklänge ziehen sich durch "Deadwood", filmische Szenen entstehen im Kopf: "In a Deadwood Saloon, South Dakota afternoon/the old ones by the door with their heads to the chest". Wunderschönen Folk-Harmonien begegnen wir im Song "Mission Door", die Album-Produzenten Iain Matthews und Mark Hellmann tragen mit sanften Backing Vocals dazu bei. Der „Tractor Song“ hat Blues-Rhythmen und mäandernde Gitarrenslides. „Visitors From Indiana“ schwelgt mit melancholischen Streichern und sehnsüchtigen Gesangsharmonien (Taylor wird hier wieder von Lyle Lovett und erneut Iain Matthews gesanglich begleitet). Ähnlich instrumentiert „All So Much Like Me“, jedoch positiver in der Grundstimmung. „Whooping Crane“, eine weitere intensive Ballade mit gedämpften Farben gemalt. Gesungene Blues-Short-Story ist „Hemingway's Shotgun” mit den Zeilen “Hemingway's shotgun finally told the truth/Never said a word about you”. “All Day Saturday“ ist mit Piano-, Violine- und Cellolinien gezeichnete Ballade, melancholisch schön und zutiefst berührend. „Shoeshine Boy“ klopft uns dann perkussiv aus allen Träumen und beschließt ein hervorragendes Singer/Songwriteralbum. *Resurrect* (1998) hatte nicht ganz das hohe Format von *Eric Taylor*, während ihm mit *Shameless Love* (1981) und *Scuffletown* (2001) ebenbürtiges gelang. Ganz groß, der Mann!

087. FREI SCHWEBEND
NEAL CASAL – Fade Away Diamond Time (1995)

Schon 1991 hatte Casal genügend Song-Material, um ein Album zu veröffentlichen, die Zeit war reif, doch nicht die Plattenfirmen. So dauerte es bis 1995 ehe *Fade Away Diamond Time* das Licht der Welt erblickte. Produzent Jim Scott (der u.a. Ryan Adams' Whiskeytown produzierte) nahm Neal Casal unter seine Fittiche. So entstand ein Southern Country Rock Album mit Westcoast-Flair allererster Wahl. Schon „Day In The Sun“ zeigt die ganze Klasse Casals. Sein Stimme ist am ehesten mit der Jackson Brownes zu vergleichen, sein Gitarrenspiel ist filigran, emotionsvoll und energiegeladen. Was John Ginty mit den Tasten anstellt ist bewundernswert, Bob Glaub (Bass) und Don Heffington (Drums) setzen ein erdiges Fundament und Fooch Fischetti lässt die Pedal Steel Guitar in himmlische Gefilde entschweben, nachzuhören nicht nur auf „Maybe California“, das zärtlichste Casal Vocals zu bieten hat, eine rund-weiche Melodie und herrlichste Pedal- und Guitar-Licks, vor dem geistigen Auge leuchtet die Sonne am strahlend blauen Himmel. Kalifornien nicht nur maybe, sondern ganz gewiss! Mit dem 6-minütigen „Free To Go“ folgt einer der besten Abschiedssongs, die ich kenne. Ein Song, der förmlich abhebt, himmelwärts frei schwebend, das Leichte dem Schweren so nah! Unglaublich schön! Leuchtend strahlende Melodielinien. Unsere Insel hat den sommerlichen Zenit erreicht. Erinnere mich noch genau, hatte das Glück „Free To Go“ (und natürlich das ganze großartige Konzert) beim Glitterhouse-Festival Orange Blossom Special im Juni 1998 live zu hören. Neal Casal, in absoluter Höchstform, schickte den Song in die Höhe des sonnig-blauen Himmels hinaus, so wie Kinder Luftballons loslassen und mit staunenden Augen nachblicken. Lange nicht mehr hat mich ein Live-Konzert so zu Tiefst berührt, so viel Wärme und Herzlichkeit verbreitet. Doch zurück zum Album, „Leaving Traces“ hat wundervolle Vocals von Angie McKenna, die mit Neal Casals Stimme herrlichst harmoniert. Glücklicherweise dürfen wir den Zweien auf *Fade Away Diamond Time* noch des öfteren unser Gehör schenken. Ein Genuss! Danach „Bird In Hand“, das von folkig-leichter Akustikgitarre und zarten Pianotönen lebt. Idyllisch! Und immer weiter mit Casals Southern-Country-Folk-Rock-Train, „These Days With You“, „Cincinnati Motel", "Feel No Pain", "One Last Time" und "Open Ground", alles wahre Perlen, die sich aneinanderreihen, ohne Ausfall. Besser kann man so was nicht mehr machen. "Detroit Or Buffalo" ist ein weiters Stück im Diamond-Time-Reigen, das weiß: „They talk behind your back today/shake their heads and say/well I always knew that the boy would/come to no good way“. Im langsamen Walzer-Takt entlässt uns Casal mit "Sunday River" und hat ein vollendetes Album hinterlassen. Sein ganzes bisheriges Werk (meines Wissens inzwischen alle beim großartigen Glitterhouse-Label) sollte jeder Country-Rock-Interessierte sein eigen nennen.

088. MÄRCHENHAFT
BELLE & SEBASTIAN – If You're Feeling Sinister (1996)

Nach ihrem hervorragenden Debüt *Tigermilk* (1996) die Fortsetzung ihres intelligenten und charmant-naiven Songwriter-Pop, der sich im weiten Feld von The Smiths, Simon & Garfunkel und Nick Drake bewegt, jedoch absolut eigenständig. Gleich zu Beginn fragt uns Sänger Stuart Murdoch mit seiner flüchtigen Stimme auf „The Stars Of Track And Field“: „Have you and her been taking pictures of your obsessions?". Dazu plinkert eine schüchterne Gitarre, eine blumige Orgel erinnert uns an nie gesehene TV-Serien, die Trompete trällert, ein beinahe märchenhafter Pop-Traum-Song. Das lebendige „Seeing Other People“ mit beschwingt-plinkernden Pianowellen zeichnet bunte Luftschlangen. „Me And The Major“ mit akustischer Gitarre und Harp, der hohen Stimme Murdochs und elektrischen vorwärtstreibenden Schrammelgitarren hat prinzenhaften Charme. The Smiths covern Simon & Garfunkel mit Johnny Cashs Begleitband oder so ähnlich. Danach „Like Dylan In The Movies“, das folgende Empfehlung gibt: „Take a tip from me, don’t go through the park/When you’re on your own, it’s a long walk home/If they follow you/Don’t look back/Like Dylan in the movies“. “The Fox In The Snow” klingt fast nach traditionellem Folk-Song. Aus dem Hintergrund vernehmen wir ganz leise und schüchtern Isobel Campbell, ebenso auf „Get Me Away From Here, I’m Dying“ mit preziös-natürlicher Melodie und finalen Trompetentönen. Der Titelsong weiß: „But if you are feeling sinister/Go off and see a minister/He’ll try in vain to take away the pain of being a hopeless unbeliever“ und mit den akustischen Gitarren, Murdochs gehauchten hohen Vocals fühlen wir uns ganz flüchtig an Tyrannosaurus Rex erinnert. Folk-Rock mit Märchen-Spleen ohne Glam. Einfach und rund tönt „Mayfly“ mit flockig-leichter elektrischer Gitarrenmelodie, Murdoch mäandert durch seine humorig-bizarren Lyrics, dazu haucht wieder die feenhafte Isobel Campbell. „The Boy Done Wrong Again“ ist ein zartes folkartiges Blumengewächs, traurig und verträumt schön. Auf „Judy And The Dream Of Horses“ bekommen wir gar eine Flöte und (wieder) schmetterndes Trompetentönen zu hören. *If You're Feeling Sinister* ist ein verschroben-eigenartiges Werk, wundersam, bizarr, erfrischend und verzaubernd. Komme bloß keiner auf die Idee dies Easy Listening zu nennen. Das Märchen unter den Insel-Alben!

089. TEARS ARE BOUND TO FALL
RON SEXSMITH – Other Songs (1997)

Das ausgereiftere Songwriting findet sich wahrscheinlich auf *Cobblestone Runaway* (2002), das für mein Dafürhalten produktionstechnisch gesehen, zumindest stellenweise, nicht ganz mit der außergewöhnlichen Liedkunst Ron Sexsmiths einhergeht, obwohl dieses Album genau so wie *Other Songs*, natürlich ein Meisterwerk ist. Seine anderen Alben stehen dem in nichts nach. Fast wie ein Programm klingen die ersten Zeilen auf dem Eröffnungssong „Thinking Out Loud“: „Thinking out loud/Is all I’m doing/Trying to raise my love/Above these ruins/With each song/I kick it around/Thinking out loud“. Zärtliche Akustikgitarren, ein warmer Keyboardteppich, zurückhaltende Rhythmen untermalen die bitter-charmanten Vocals von Sexsmith.

Wer einen Song „Strawberry Blonde“ nennt und ihn dann so kongruent erklingen lässt muss ein ganz Großer sein. Mit „Average Joe“ erklingt die Begleitband in voller Pracht, Sexsmith beweist sein stimmliches Vermögen. „Thinly Veiled Disguise“ hat so viel Poesie und Feinfühligkeit wie sie andere nicht auf zehn Alben zu Stande bringen. „Nothing Good“ setzt den melancholisch-schönen Reigen fort, so wie auch „Pretty Little Cemetery“ mit unauffälliger, aber wirkungsvoller Pedal Steel (Larry Campbell). Zart und zerbrechlich klingt „It Never Fails“, während „Clown In Broad Daylight“ mit voller Bandunterstützung und zusätzlichen Bläsersätzen, beinahe fröhlich wirkt. „At Different Times“ bringt uns den poetischen Ron Sexsmith zurück, der den Hörer mit seiner einfühlsamen Stimme umgarnt. „Child Star“ ist ein Song, der in sich selbst ruht, Wogen aus Stimme und Keyboards, Balsam für die Seele. „Honest Mistake“, „So Young“ und „While You're Waiting“ halten das Niveau mühelos und mit "April After All" endet *Other Songs* so schön wie es begonnen hat und wir stimmen mit ein: "Tears are bound to fall/It's April after all". Mit seiner lieblich-charmanten und fesselnden Stimme, die auch schon mit Tim Hardin verglichen wurde, dem man aber nur bedingt zustimmen kann, gehört Ron Sexsmith zu den besten Singer/Songwritern. Er singt seine Lieder mit Wärme und Anmut. Intim, poetisch und von trauriger Schönheit.

090. MELANCHOLIE
NICK CAVE & THE BAD SEEDS – The Boatman's Call (1997)

Nicht einfach bei Nick Cave. In der engeren Wahl das den Doors nicht unähnliche *You're Funeral, My Trial* (1986), das aufregende *Tender Prey* (1988), das dramatisch-seelenvolle *No More Shall We Part* (2001) und das schließlich auserwählte *The Boatman's Call*, das Cave nahezu entblößt und ohne die bei ihm phasenweise überbordende Theatralik zeigt. Fast nur vom Piano begleitet erklingt „Into My Arms“, wo es heißt: „And I don't believe in the existence of angels/But looking at you I wonder if that's true“. Eine dunkle religiöse Liebes-Ballade, wie wir sie sonst nur einem Johnny Cash abnehmen. Im gleichen Flow, jedoch mit Bass, Drums und Orgel zusätzlich, lauschen wir dem „Lime-Tree Arbour“, wo wir den Ruf des Bootsmanns vernehmen. Auf „People Ain't No Good“ schleicht sich Warren Ellis' Violine ein,

Cave an Piano und Vibraphon versteht es mit sparsamsten Mitteln Weite und Raum zu schaffen, sein Gesang einfach und keinen Deut theatralisch, dafür mit viel Ausdruck. „Brompton Oratory", „There Is A Kingdom" und „(Are You) The One That I've Been Waiting For?" setzen den langsam fließenden Fluß fort. "Where Do We Go Now But Nowhere?" stellt ebendiese, verzweifelt-philosophische Frage, um dann lapidar festzustellen: „Well the sun comes up and the sun goes down/Going round and around to nowhere". Die Pianotasten werden weich und sorgfältig gedrückt, verlorene Violinklänge, die beinahe ins Bedrohliche abkippen, Cave singt monoton und doch ausdrucksstark. Alles bedächtig, ruhig, ohne Hast. Da kommt das „West Country Girl" geradezu beschwingt daher, während „Black Hair" mit traurig-warmen Akkordeonklängen schaukelt. Auf „Idiot Prayer" lässt uns Cave wissen: „They're gunna shut me down, my love/They're gunna launch me into the stars/Well, all things come to pass/Yeah, Glory Hallelujah". Wunderschön wie dazu das Piano perlt, die Violine trauert und die Orgel Weite simuliert. Melancholie im schönen Gewand. Eine weitere melodiös-verhaltene Ballade ist „Far From Me", Nick Cave wieder mit beinahe monoton-andächtigem Gesang, die Bad Seeds mit gedämpften Begleitklängen. Parallel zum gesprochenen Text geht Cave gesanglich auf „Green Eyes" eine Spur mehr aus sich heraus. Dazu akustische Gitarren und Melodica-Klänge. *The Boatman's Call* klingt aus wie es begonnen hat. Dass das Ganze im Blues, der Bibel und der Poesie verwurzelt ist, scheint bei Nick Cave Selbstverständlichkeit. Von dem dürfen wir auch nach *Nocturama* (2003) noch einiges erwarten!

091. DAS WESEN DER STILLE
MARK HOLLIS – Mark Hollis (1998)

Beim Sammeln unserer Insel-Alben finden wir die Insel selbst und die heißt *Mark Hollis*. Was er mit den letzten Talk Talk Alben schon andeutete, bringt er hier zur Vollendung. Erschafft eine musikalische Insel der Stille jenseits aller Stilrichtungen. File under Silence, weil einem nichts besseres einfällt und das ist gut so. Mit 19 Sekunden Stille beginnt „The Colour Of Spring", bevor spärliche Pianotakte einsetzen und Hollis' Stimme in ihrer eigenwilligen resonierenden Art einsetzt. „Forget our fate/The pedlar sings/Set up to sell my soul/I've lived a life for wealth to bring". Die

Zeilen mit wohlklingenden Pianotönen untermalt, die dann Brüche in die Disharmonie erfahren mit Anleihen an klassische Musik. Eine Oase der Ruhe! „Watershed“ hat subtile Jazzrhythmen, Gitarrensaiten schnarren, Harmoniumsklänge balsamieren die Seele, eine verlorene Miles-Davis-Gedächtnis-Trompete und Hollis singt sehnsüchtig mit einem Hauch stiller Verzweiflung „Should have said so much/Makes it harder/The more you love“. Dann wieder das Piano, zarte Farbtupfer, herbstlich und man glaubt die Blätter fallen zu hören, isolierte, verhalten gezupfte Bass- und Gitarrentöne, das Stück nennt sich „Inside Looking Out“, wie auch sonst. Aus einem nicht näher zu definierenden Hintergrund vernehmen wir Holzblasinstrumente und der Song verschwindet einfach von der Bildfläche. „The Gift“ knüpft an „Watershed“ an. Zeilen wie “Cold/Burnt out/And fear you are/Gone/And now the shade” sprechen für sich. “A Life (1895 – 1915)” beginnt mit atmosphärischen Bläsern, Hollis singt gequält und entblößt, seine Stimme wie verweht von den Klängen der Stille, kaum vernehmbar und doch voller Emotionen präsent. Schließlich gesellt sich eine Flöte zu den Bläsern, entlässt Mark Hollis’ Stimme, die am Ende des Songs nochmals leise flüsternd auftaucht. „Westward Bound“ lebt von wunderschönen mild-weichen Akustikgitarrenklängen und Hollis’ samt-bebender Stimme. Verspielte Bläser zieren „The Daily Planet“, Schlagzeug und Bass knüpfen einen jazzigen Teppich, Mark Hollis singt für seine Verhältnisse geradezu laut, dazwischen strömen Harp-Töne, die einen Hauch Blues Moods vermitteln. Mit „A New Jerusalem“ endet das Album nicht, nein es geht verloren und findet doch eine Heimat: „And I’m home again/Run along my child/For the water's blood/And so the sea“. Dass wir es hier mit einem höchst kunstvollen und poetischen Album zu tun haben, muss nicht mehr weiter ausgeführt werden. *Mark Hollis* ist ein bleibendes, unvergessliches Hörerlebnis. Er hat nichts anderes als das Wesen der Stille erfasst.

092. THE END IS NOT IN SIGHT
THE AMAZING RHYTHM ACES – Live In Switzerland 1998 (1999)

Bernhard Rosas Blue Buffalo Records sei Dank können wir uns an diesem großartigen Live-Album erfreuen. Aufgenommen beim Worb Festival in Bern 1998. Nach ausgezeichneten Alben in den Siebzigern, formierten sich die Aces in den Neunzigern auf ein Neues. Geradezu lässig startet *Live In Switzerland 1998*, Russel Smiths Stimme, irgendwo zwischen soul-schmeichlerisch und rau-rockig anzusiedeln, nimmt einen sofort gefangen. „Out Of The Blue“ shuffelt und rockt, laid-back mit feinstem Southern Feeling. Ein kleines Wunder das darauffolgende „Love's On The Way“ mit herrlichen Pianotakten, weitflächigem Orgelspiel (Billy Earheart, James Hooker), entspannten Rhythmen (Michael Organ: Drums, Jeff „Stick“ Davis: Bass) und lockeren Gitarren (Tony Bowles, Russel Smith). Wunderschön! „The Blue Room“ hat den Blues, Piano, Orgel und die Gitarren umranken sich, treiben ein munteres Wechselspiel, Russell Smith croont und bluest, acht fein köchelnde Minuten. Weiter mit „Out Of The Storm“, Slide Gitarrenläufe, die den Duane Allman Vergleich nicht scheuen müssen, dazu wieder die kehlige Blues-Soul Stimme von Russel Smith. Und der Southern Train zieht weiter mit „One Love“, „Your Love Is Working In My Life“ und gelangt zu „The End Is Not In Sight (The Cowboy Song)“, für mich der Amazing Rhythm Aces Song schlechthin. Hat so viel entspanntes Feeling, eine dermaßen hüpfende leichtfüßige Melodie, dass einem Herz und Seele aufgeht, gewinnt in der Live-Version noch hinzu und vermittelt Freude. Glücksgefühle garantiert! Hier kann live getrost mit lebendig übersetzt werden. Dem countryfizierten „I Pity The Mother And The Father“ folgt das balladeske, vom Piano getragene “Last Letter Home”. Countrybeswingt “Dancin' With The One You Love” und dann rocken mit den “Rednecks Unplugged”. Zum Abschluss Al Greens “Love And Happiness”, das Original ist natürlich nicht zu toppen, dennoch gelingt den Amazing Rhythm Aces eine beeindruckende Version, die den Saal zum Kochen bringt. Am 23. März 2000 hatte ich das Glück im Pfleghof Langenau ein Konzert dieser famosen Band zu erleben. Dem dortigen geschmackssicheren Konzertveranstalter Hans-Peter Leuze gelingt es immer wieder außerordentliche Acts auf diverse Bühnen zu bringen. Die Amazing Rhythm Aces waren ein ganz großer, was *Live In Switzerland 1998* nachhaltig dokumentiert. Glücklicherweise kein Ende in Sicht, was das Weitermachen der Aces betrifft.

093. HALLELUJAH

DAN PENN AND SPOONER OLDHAM – Live/Moments From This Theatre (1999)

Nur wenige verdienen sich die Auszeichnung lebende Legende, Dan Penn ist mit Sicherheit eine. Hat er doch, hauptsächlich mit Chips Moman zusammen, Soul Hits für Leute wie Solomon Burke, Aretha Franklin, James Carr und The Box Tops geschrieben. Spooner Oldham, genialer Musiker (Piano, Keyboards, Vocals) und Penns Co-Writer bei vielen Stücken mit Klassiker-Status (z.B. „Sweet Inspiration") verleihen wir ebenso die Legenden-Auszeichnung. Im Jahre 1998 legten die Beiden einige sensationelle Auftritte in Großbritannien hin, die glücklicherweise ihren Weg auf offiziellen Tonträger fanden. „I'm Your Puppet" eröffnet das Album. Elektrische Piano- und Akustikgitarrensprengsel erfüllen den Raum, bevor Dan Penn gefühlvoll die Stimme erhebt. Wir haben das Glück intimem großem SOUL zu lauschen. Wie Dan Penn dann die Vokale von „Sweet Inspiration" dehnt und von der Seele auf die Zunge legt ist einzigartig. Ergreifend und bewegend. So auch „Cry Like A Baby", „Do Right Woman, Do Right Man", „I Met Her In Church" und „Lonely Women Make Good Lovers" (Spooner Oldham singt Lead Vocals). Mit "It Tears Me Up" definieren uns die Zwei das Wort soulful auf beeindruckende Art und Weise, natürlich unterfüttert mit Folk, Country und Gospel. Bevor sie das großartige „The Dark End Of The Street" anstimmen, erklärt uns Penn, dass die absolute Version von James Carr (siehe 011. Deep Deep Soul) gesungen wurde, dem kann man nur zustimmen. Mindestens aber den zweiten Platz nimmt die hier vertretene ein. Greifbare Spielfreude vermittelt „You Left The Water Running". "Out Of Left Field" ist eine langsame Zelebration der besonderen Art und "Memphis Women And Chicken" hat humorvollen Blues. Sweet and full of soul kommen "A Woman Left Lonely", "I'm Living Good" und besonders "Ol' Folks" daher. Ein Soul-Wunder der Neunziger, tief verwurzelt in den Sechzigern. Hallelujah!!!

094. NACHTMUSIK
M.HEDEROS & M.HELLBERG – M.Hederos & M.Hellberg (2000)

Bei der Ryan Adams Tour 2002 im Vorprogramm, durften sie ihre kunstvollen Coverversionen zum ersten Mal einer breiteren Öffentlichkeit vorführen. Ihr Debüt-Album ist ein kleines Wunder, allerschönste Piano-Balladen, stein- und herzerweichend vorgetragen von Martin Hederos am Piano und Mattias Hellberg Gesang. Wer geglaubt hat, dass „Pale Blue Eyes“ vom dritten Velvet Underground-Album die definitive Version sei, hat sich nicht getäuscht, muss aber jene von den zwei Schweden, die am Anfang dieses Albums steht, als ebenbürtig einstufen. So gefühlvoll und eindringlich habe ich selten Musik vernommen. Zerbrechlich und verloren, doch von solcher Schönheit, dass einem warm ums Herz werden muss. Das gilt für alle Songs, die den Originalen wirklich in Nichts nachstehen. Was ich vorher nie geglaubt hätte, denn sie covern nicht irgendwen, sondern Künstler wie Lou Reed, Arthur Lee, Willy De Ville, Tom Waits, Randy Newman und selbst Bob Dylan. Ob „Been Smoking Too Long”, “Soldiers Things”, “Guilty” oder “Signed D.C.”, es wird einem von Song zu Song bewusster, dass hier wahre Künstler am Werke sind. Auf „Signed D.C.“ machen sie den Schmerz körperlich spürbar, aus einem dunklen Loch tönen markerschütternde Harptöne. „She“ ist zärtlich, ehrfürchtig, den Tränen nahe und unter die Haut gehend. „Heaven Stood Still“ lässt einen tatsächlich gen Himmel blikken. Auf „You’re A Big Girl Now“ bringen sie alle Liebe und alles Leid dieser Welt zum Vorschein. Am Ende angelangt wagen wir kaum mehr zu atmen ob der Schönheit, die in diesem Album steckt. Ich will kein Klischee bedienen, doch *M.Hederos & M.Hellberg* verführt einen im Dunkeln zu sitzen, Kerzen (so viele wie möglich) aufzustellen und in sich zu gehen. Weiter mit *Together In The Darkness* (2002), das neben sechs Coverversionen fünf Eigenkompositionen dieses grandiosen Duos enthält und atmosphärisch ihrem Debüt ebenbürtig ist. Wunderschöne Nachtmusik. Dahinschmelzen und schwelgen.

095. BLUT UND GOLD
AIMEE MANN – Bachelor No.2, Or The Last Remains Of The Dodo (2000)

Weist mit dem *Magnolia* Soundtrack vier gemeinsame Songs auf und ist beinahe zur gleichen Zeit entstanden. Dennoch ist *Bachelor No.2, Or The Last Remains Of The Dodo* das in sich geschlossenere Werk mit durchgängigem Flow, zerbrechlicherer und intimerer Note. Nie hat sie überzeugter und gefestigter geklungen. Hört man schon auf dem ersten Song „How Am I Different". Das versonnen-sehnsüchtige, das immer in ihrer Art zu singen mitschwingt, bestimmt auch dieses Lied. Selbst wenn sie im Text deutlich wird, „And just one question/before I pack-/when you fuck it up later,/do i get my money back?", so klingt es nie anmaßend oder emanzipatorisch-kämpferisch, sondern weist Zurückhaltung auf ohne in Schüchternheit oder Devotion zu verfallen. „Nothing Is Good Enough" liegt auf einem warmen Soundteppich und Aimee zeigt ihr gesangliches Können ohne anzubiedern. „Red Vines" ist dem nicht unähnlich. „The Fall Of The World's Own Optimist", gemeinsam mit Elvis Costello komponiert, hört sich zunächst etwas sperrig an, wächst aber mit jedem Hören, spröde und doch charmant-warm, auch in der musikalischen Umsetzung. „Satellite" scheint gemütlich vor sich hinzutapsen, erfährt dann aber auch die melodisch-melancholische Stimmung, die sich durch das ganze Album zieht. „Deathly", mit milder weicher Melodie, gegensätzlich zum Text, mit instrumentalen Steigerungen, nach „How Am I Different" der zweite heimliche Hit des Albums. „Ghost World", „Calling It Quits" und „Driving Sideways" halten den Flow auf höchstem Niveau. „Just Like Anyone" ist der am spärlichsten instrumentierte Song und zeigt uns, dass Aimee Mann auch nur mit Gitarre und Stimme zu überzeugen wüsste. „Susan" hat wieder diese Wärme im Refrain. Auf „It Takes All Kinds" folgt mein persönlicher Album-Favorit "You Do". Wäre in einer besseren Welt in den Charts. Aimee singt göttlich, die Musik fließt, ein warmer Strom aus Blut und Gold. Das Album ist hervorragend produziert und arrangiert. Musik und Stimme verschmelzen, wie aus einem Guss. *Lost In Space* (2002) ist die Zwillingsschwester von *Bachelor No.2, Or The Last Remains Of The Dodo*, folglich ein weiteres Meisterwerk.

096. HERZEN BRECHEND, SEELEN BETÖREND
RYAN ADAMS – Heartbreaker (2000)

Alle Whiskeytown-Fans waren in erwartungsvoller Neugier auf das Solo-Debüt von Ryan Adams und wurden nicht enttäuscht. Im Gegenteil, was sich schon bei den sehr guten Platten der Band andeutete, wurde auf *Heartbreaker* noch übertroffen. Ein genialer Singer/Songwriter, der die Maßstäbe des Genres neu setzt. Das Album beginnt mit einem kurzen Dialog zwischen David Rawling und Ryan Adams, auf welcher Scheibe denn ein bestimmter Morrisey/TheSmiths-Song zu finden sei, um dann in einen dylantypischen Subterranean Homesick Blues überzugehen, hier definiert als „To Be Young (Is To Be Sad, Is To Be High)“. Eine echte Herzensbrecher-Liebesballade folgt mit „My Winding Wheel“ und spätestens jetzt weiß jeder, dass hier GROSSES geschieht. Nicht nur weil Emmylou Harris als Duettpartnerin auf „Oh My Sweet Carolina“ fungiert, muss der Vorbild/Querverweis Gram Parsons gezogen werden. Steinerweichend wie Emmylou und Ryan schmachten, schwelgen und sehnsüchteln. „Call Me On Your Way Back Home” bewegt die Gemüter mit distinguierten Streichern, zärtlichster Adams-Stimme und Stimmung. „Damn, Sam (I Love A Woman That Rains)“ neigt sich wieder gen Dylan und Adams fährt mit weiteren Perlen (“Come Pick Me Up”, “To Be The One”) fort. “Why Do They Leave” ist ein funkelnder Diamant, Herzen brechend und Seelen betörend. „Shakedown On 9th Street” punkrockt, während “Don’t Ask For The Water”, “In My Time Of Need” und “Sweet Lil Gal (23rd/1st)” zur balladesken Grundstimmung des Albums zurückkehrt. Unterstützt von Ethan Johns, David Rawlings, Gillian Welch, Pat Sansone und den Duettpartnerinnen Emmylou Harris, Kim Richey und Allison Pierce, ist Ryan Adams mit *Heartbreaker* ein Geniestreich gelungen.

097. EIN FELS, EINE BURG
JOHNNY CASH – American III: Solitary Man (2000)

Welch Tiefe, welch Volumen! Diese Stimme! Ein Gebirge und die dazugehörige Schlucht. Weite und Tiefe in einem, Basstöne. Ein Fels, eine Burg, dahinter die Müdigkeit und Brüchigkeit des Alters. Der Mann in schwarz hat ein Alterswerk hinterlassen, das nun wirklich seinesgleichen sucht. Meisterwerke allesamt!!! Deren vier (die wunderbare *Unearthed* (2003) Box nicht mitgerechnet) sind unter der Regie Rick Rubins, der Johnny Cash seine Kreativität zurückgab, entstanden. *Solitary Man* umfasst vier Eigenkompositionen und zehn Coverversion, die von John R.Cash auf seine unnachahmliche Weise interpretiert, zu seinen eigenen werden. Herausragend sind das Titelstück „Solitary Man“ (Neil Diamond), „One“ (U2), „I See A Darkness“ (im Duett gesungen mit Komponist Will Oldham, passt so ungemein gut, dass man sich ein ganzes Album von den beiden gewünscht hätte), „The Mercy Seat“ (Nick Cave & Mick Harvey, ersterer hat schon 1986 Johnny Cash gecovert: The Singer; auf Cashs Folgealbum *The Man Comes Around* singt er mit ihm Hank Willliams' „I'm So Lonesome I Could Cry“). Nicht minder exquisit die Eigenkompositionen „Field Of Diamonds“, “Before My Time”, “Country Trash” und allen voran das ausgezeichnete “I'm Leavin Now“, vorletztes Stück des Albums. Ein altersweises Monument hat der Man in Black mit *Solitary Man* geschaffen, wie ein langer Abschied, leicht in all seiner Schwermut. Ganz am Ende dann das Traditional „Wayfaring Stranger“, vorgetragen mit Schmerz und Wehmut. Im Booklet schreibt Cash: „This album has been a long time coming, and I feel another in there somewhere“. Er tat es wirklich nochmals: 2002 erschien *American IV: The Man Comes Around*, in Aufbau und Ausführung ähnlich wie *Solitary Man* und genau so exzellent. Anhören und dazu lesen: *The Beast In Me Johnny Cash und die seltsame und schöne Welt der Countrymusik* von Franz Dobler, sowie die Autobiographie *Cash* vom Meister selbst. 2003, nur Monate nach dem Tod seiner wunderbaren Ehefrau June Carter Cash, verstarb auch Johnny Cash an den Folgen seiner Krankheiten. Abschließend erwähnt seien noch die letzte Zeilen des *Solitary Man* booklets von Johnny Cash: „Life and love go on. Let the music play“.

098. SING SING SING
TRAVIS – The Invisible Band (2001)

Mehrere Hördurchläufe gab ich ihrem Vorgänger *The Man Who* (1999), doch bis heute habe ich zu dieser Platte keinen Zugang gefunden. Skeptisch begegnete ich den Lobeshymnen in den eingängigen Gazetten zu *The Invisible Band*, doch schon das erste Hören verzauberte mich. Welch Melodienreichtum, welch großartiges Songwriting!!! Schon der Opener „Sing“ weiß zu begeistern, hymnisch, melodisch und leicht wehen Töne und Gesang wie ein milder Frühlingswind, was sich sozusagen auf das ganze Album übertragen lässt. „Dear Diary“, eine Ballade mit schmeichelndem Gesang, dezenten akustischen Gitarren, orgelwarm und still wie Wasser. „Side“, „Pipe Dreams“ und „Flowers In The Window” sind beatleske Wunderwerke. Will sagen, dass hier keine Plagiatoren am Werk sind, Travis sind eklektisch im positivsten Sinne und auf höchstem Niveau. Brit-Pop ist ein weites Feld, Travis hat es mit diesem Album verlassen und jetzt schon Klassiker-Status erreicht. „The Cage“ ist mit Aquarell Farben gemalt, „Safe“ glitzert in der Sonne und „Follow The Light“ lebt vom umgarnenden Gesang Fran Healys und den twangy Gitarren. „Last Train“ hat subtil-kühle Jazz-Anleihen und „Afterglow“ verschwindet in höchsten Tönen und Lüften. „Indefinitely“ hat wieder das sanfte Flehen und Bitten in Fran Healys Stimme und endet mit digitalem Weckton bzw. lässt „The Humpty Dumpty Love Song“ beginnen, der uns nochmals alle Travis-Eigenschaften aufs angenehmste vorführt. *The Invisible Band* ist der Soundtrack zum Verliebt sein, der wundersame Charme der Melancholie. Bezeichnend das Cover, wie ein Suchbild, in dem die Bandmitglieder wie Zwerge im braunen Geäst der Bäume die Unsichtbarkeit propagieren. *The Invisible Band* erzählt vom Dasein und Verschwinden. Naturbelassen und organisch! Federleicht!

099. WAHRE PERLEN
TIFT MERRITT – Bramble Rose (2002)

Tut mir leid Lucinda Williams, sorry Emmylou Harris, Entschuldigung Linda Ronstadt, pardon Nanci Griffith und all ihr anderen, wie großartig ihr auch immer sein mögt, aber meine Americana Queen heißt Tift Merritt. Ein dermaßen unglaubliches

Debüt hat sie mit *Bramble Rose* hingelegt, dass sie die oben genannten mit dieser einen Scheibe nicht weit, aber doch hinter sich lässt. Zweifelsohne ist es ihre wunderbare Stimme, ausgestattet mit charmantem, leicht vibrierendem Näseln, in dem mädchenhafte Schüchternheit mitschwingt, die keineswegs störend ist, im Gegenteil, darin liegt auch ihr besonderer Reiz. Darauf lässt sich Merritt natürlich nicht reduzieren. Sie versteht es, das ganze Gefühlsspektrum, Sehnsucht, Glück, Trauer, Melancholie stimmlich abzudecken. Authentizität pur. Exzellente Kompositionen (all Songs written by Tift Merritt), welche das scheinbar enge Americana-Genre in frischer und unverbrauchter Couleur erscheinen lässt. Ob Ballade, Midtempo oder Rockgefilde, immer ist sie in der Lage ihren Songs den eigenen Stempel aufzudrükken. Federleicht wippend tänzeln „Trouble Over Me“ (ein Jahrhundertsong!) und „Virginia, No One Can Warn You“ ins Ohr, „Neighborhood“ rockt und rät ab von gewissen nachbarschaftlichen Beziehungen. „Bird Of Freedom“ hält alles was eine Ballade zu versprechen hat. Im Titelsong steckt alle Zärtlichkeit dieser Welt und, ich wiederhole mich gerne: es ist Merritts unnachahmlicher Gesang, der die Songs zu wahren Perlen formt. Was nicht bedeuten soll, dass die Band nur zweitrangig agiert. Das Gegenteil ist der Fall, absolute Könner sind hier am Werk. Greg Readling untermalt nicht nur, sondern platziert feinste Farbtupfer mit Pedal Steel und Dobro an den exakt richtigen Stellen. Ethan Jones, auch für die ausgezeichnete Produktion und den Mix verantwortlich, an der Lead Guitar, mit allen Stilen bestens vertraut, fügt sein gefühlvolles und versiertes Spiel passend ins Gesamtbild ein. Und was Benmont Tench mit den Tasten anstellt: einfach, aber/und genial. Bass und Drums federn das Ganze aufs lässigste ab. Weitere Perlen des Albums sind „Sunday“, in bester Blues-, Soul- und Gospelmanier vorgetragen, „Diamond Shoes“ hat schwungvollen Twang und „When I Cross Over“ lässt das Album wunderschön balladesk ausklingen. Muss ich noch erwähnen wie ohrwurmartig sich die Melodien festsetzen, wie toll arrangiert und in Szene gesetzt *Bramble Rose* ist? Kaum zu glauben, ich staune bei jedem Hören, dass dies ein Debütalbum ist. Was kann dem noch folgen? – Tift Merritt ist schon mit ihrem Erstling der ganz große Wurf gelungen.

100. EIN LANGER RUHIGER FLUSS
LAMBCHOP – Is A Woman (2002)

Mit *Is A Woman*, Album 100, schließen wir unseren Insel-Koffer. Seit 1995 erscheinen Platten von Lambchop, einem Kollektiv aus Nashville, das oftmals an die 13 oder mehr Musiker umfasst. Mit *Is A Woman* ist ihnen ein großartiges Meisterwerk gelungen. Kopf und Zentrum der Band ist zweifelsohne Kurt Wagner, Sänger, Gitarrist und Komponist. Auf *Is A Woman* hat er alle 11 Stücke geschrieben (die limitierte Version beinhaltet eine Bonus CD mit drei Titeln: „This Corrision“ von Andrew Eldritch, „Backstreet Girl“ von Jagger/Richards und "Uti“ von Kurt Wagner). Das Album taucht den Hörer in ein wohltemperiertes Klangbad und lässt ihn in einen langen ruhigen Fluss gleiten. In dessen Mitte Kurt Wagners Stimme und das behutsam perlende Piano. Gitarre und Bass setzen angedeutete rhythmische Akzente. Das Schlagzeug macht seinem Namen nur wenig Ehre, die Felle werden dezent, aber gekonnt gestreichelt. Hin und wieder verfremdete und elektronische Sprengsel, die lediglich sich fügende Tupfer im Gesamtbild sind. Leise und anmutige Klänge, wärmend im Winter, kühlend im Sommer. Wagners Gesangsstil ist zurückhaltend, flüsternd und doch ungemein gefühlsbetont. Beim Singen scheint er förmlich in die Musik hineinzuschlüpfen. Er verzichtet nahezu gänzlich auf Falsett, das er noch auf *Nixon* in Curtis-Mayfield-Manier einsetzte. In seinen Texten findet er passende Zeilen wie „just stick around on this lonely night/and we may be amazed/by my blue wave“ oder „last night I saw the sun rise/over sleepy Barcelona“, Zeilen, die sich mit der Musik und Wagners Gesang zu einem Ganzen fügen. Auf *Is A Woman* sind Lambchop vor allem Meister der kleinen Gemälde und feiner Zeichnungen. Betrachte Kurt Wagners innere Welt und verwebe sie mit der Deinigen. Zurücklehnen und entspannen.

VI. BONUS-MATERIAL/DEM END' ENTGEGEN – DIE INSEL WARTET

KNARZIG / **KEVIN COYNE – Marjory Razorblade (1973)**

GESTRANDET / **ROXY MUSIC – Country Life (1974)**

Genug ist nicht genug. Im Bonus-Zeitalter will auch das Insel-Buch noch eins – nein zwei- draufsetzen. Der Insel-Koffer ist zwar randvoll und verschlossen, im Handgepäck jedoch findet sich noch entsprechender Platz. Warum diesen nun ausgerechnet der knorrig-knarzige Kevin Coyne und die fantastischen Roxy Music einnehmen dürfen...

...wer weiß, an einem anderen Tag, in anderer Stimmungslage hätten es ebenso Alben von folgenden Künstlern sein können:

Boz Scaggs, Ramsay Midwood, Anita Baker, King Tubby, The Eleventh Dream Day, Blondie, Jefferson Airplane, Ann Peebles, Crosby, Stills, Nash & Young, Burning Spear, Guy Clark, Steely Dan, Eddie Hinton, Rainer, Can, Syl Johnson, Cream, David Blue, Young Marble Giants, Willy De Ville, The Incredible String Band, Skip Spence, Carol King, The Flying Burrito Brothers, Laura Nyro, Cowboy Junkies, Tom Waits, Eric Andersen, The Sonics, John Prine, Pere Ubu, Ry Cooder, The Meters, American Music Club, Sly & The Family Stone, Tindersticks, Brinsley Schwarz, R.E.M., The Jesus And Mary Chain, Eric Burdon, Joe Henry, Captain Beefheart, Gillian Welch, Moby Grape, Rickie Lee Jones etcetera pepe sowie jene im Vorwort genannten Unterlassungsünden. Weiteres Namedropping erspare ich den werten Lesern. Gehen wir dem End' entgegen – die Insel wartet!

Auf dass wir bleiben: für immer zu jung zum Sterben, aber niemals zu alt für Rock'n'Roll!

Last but not least, proudly presenting the Bonus-Material:

BONUS-MATERIAL 1: KNARZIG
KEVIN COYNE – Marjory Razorblade (1973)

Der rast- und ruhelos Kevin Coyne veröffentlicht auch im Hier und Jetzt seine musikalischen und malerischen Arbeiten. Lebt in Nürnberg und ist einer der wenigen britischen Singer/Songwriter, die auf so viel erstklassiges Material zurückblicken können. Sein Doppel-Album *Marjory Razorblade* beginnt mit dem Titelstück. Ein kurzes A-Cappella-Intro zeigt uns die knarzig-eigenwillige Stimme, die nach Zigaretten und Whisky klingt. Captain Beefheart meets Roger Chapman, ein Vergleich, der hinkt und doch eine Ahnung von Coynes Stimme vermittelt. Nahtlos läuft der bizarre Titelsong in das grandiose „Marlene" über, mit herrlichen Orgelsounds (Jean Roussel), die sich auch gut auf *Blonde On Blonde* gemacht hätten. Ehre wem Ehre gebührt. Schneidende elektrische Gitarren treffen auf akustisch-rhythmische Gitarren, die Coynes unverwechselbaren Gesang unterstreichen. „Talking To No One", spärlich instrumentiert, führt uns folgende Wahrheit vor Augen: "talking to no one is strange/talking to someone is stranger/you might be in danger yes/if you say too much in this world". "Eastbourne Ladies" bluest und rockt, ohne in gängige Blues-Rock-Schemata zu verfallen. Johnny Rotten bezeichnete den Song als one of his all-time favorite records. Die Ballade „Old Soldier" verbindet Slide-Gitarrenklänge mit herrlichen Streicherarrangements. „I Want My Crown" flattert, auf "Nasty" überspannt Coyne seine Stimmbänder. Dem Carter Family Cover „Lonesome Valley" folgt "House On The Hill" mit poetischen Pianoläufen und das blues-rockende "Cheat Me" beschließt den ersten Teil von *Marjory Razorblade.* Weitere Höhepunkte, die auf akustischer Basis treibenden "Jackie And Edna" und "Everbody Says", Beispiele auch für die scharfen, wohl durchdachten Lyrics, die mit eigenwillig-verzerrter Bildersprache arbeiten. „Mummy" rockt und stampft den Blues, „Heaven In My View" hat einen Hauch Bluegrass-Swing, der „Karate King" lässt Arme und Beine fliegen. Leidenschaftlich bellt der „Dog Latin" und „This Is Spain" ist ein Urlaubs-Song der etwas anderen Art. Der „Chairman's Ball" zirpt, auf „Good Boy" dürfen wir wieder dem exaltierten Coyne lauschen, britischer Humor, der auch auf dem abschließenden rockenden „Chicken Wing" herauszuhören ist. *Marjory Razorblade* rockt, bluest und folkt in allen Facetten und Schattierungen. Unbedingt weiterhören: *Case History* (1972) und *Millionaires And Teddybears* (1978).

BONUS MATERIAL 2: GESTRANDET
ROXY MUSIC – Country Life (1974)

Für das Jahr 1974 ein geradezu unverschämtes und schockierendes Cover. Zwei Frauen in Dessous, die eine mit eindeutiger Geste, ihre Hand im Schritt, während die andere ihren bloßen Busen mit den Händen bedeckt. Aus heutiger Sicht mehr als harmlos, die Werbung bietet solches am Fließband und kaum einer schaut noch hin. Um so mehr ist *Country Life* in der Gegenwart ein mehr als hörenswertes Album geblieben. Das Piano-Intro von „The Thrill Of It All" verspricht einiges, dann legt die Band los, eine Art eleganter Glam-Art-Pop-Rock und dann die bebend-vibrierende Stimme Bryan Ferrys mit manierierten Schlenkern. Auf „Three And Nine" lernen wir den sanfteren Bryan Ferry kennen. Ein verspielt-erheiternder Song, stylish würde der Engländer sagen. „All I Want Is You" hat lärmendes Instrumentarium und angeschrägte Melodie, Ferry singt unterkühlt, aber geschmeidig. „Out Of The Blue" beginnt disharmonisch, Ferrys befreiter Gesang fügt dem Song poppige Strukturen hinzu, die Band schlägt Haken, die von Glam-Pop bis zu exzessiven Prog-Rock-Exzessen reichen. Danach wird's fast rock-klassisch gemütlich mit „If It Takes All Night", während „Bitter Sweet" mit Marschrhythmen und deutschem Liedgut spielt: *„Nein – das ist nicht/Das ende der welt/Gestrandet an leben und kunst/Und das spiel geht weiter/Wie man weiss/Noch viele schuönste...wiedersehn"*. So weit so deutschgut. Wie ein fanfarisches Zwischenspiel klingt „Triptych". Das furios-schrille „Casanova" mit einem Bryan Ferry in Höchstform, Tremolos mit Sex-Appeal und fragend: „Now you're flirting/With heroin/-Or is it cocaine?". Mit „A Really Good Time" wagen sie ein wohl nicht so ernst gemeintes Klassik-Rock-Crossover, das Electric Light Orchestra scheint nicht weit, wäre da nicht die Eleganz mit der Roxy Music den Song meistert. Zu guter Letzt „Prairie Rose", wo sie nochmals alle *Country Life* Eigenschaften bündeln, also Glam-Art-Pop-Rock, der Lust auf mehr macht. Neben *Country Life* sollte *Stranded* (1973) und *Siren* (1975) im Regal stehen, die New Wave Vorwegnahme sozusagen. Bahnbrechende Werke!

Und jetzt nichts wie los. The island's waiting!

Danach...

...ist man immer klüger. Nein, keine weiteren Namen, die eigentlich auch noch ins Insel-Buch gehört hätten. Viel mehr Hinweise auf neue CD-Editionen bzw. mir entgangene CD-Versionen. So hat mich ein Sammler (danke Martin!) dieser Tage darauf hingewiesen, dass John Martyns *Live At Leeds* (in unserem Buch 055.Euphorisierend) als CD-Version mit 5 Bonus-Tracks existiert. *London Calling* (061.Pop, Punk und Hymnen) von The Clash erscheint derzeit als 25th Anniversary Collection, ein Deluxe Set mit zwei CDs und einer DVD. Ebenso these days eine 20th Anniversary Deluxe Edition (Do-CD) von Lloyd Cole And The Commotions' *Rattlesnakes* (069.Pop-Reigen). Nicht zu vergessen, die Expanded Editions (alle als DoCDs) der 80er Go-Betweens Werke (also auch unser Insel-Album *Liberty Belle And The Black Diamond Express* zu finden unter 074.Go Forward). Die ausgezeichneten ersten vier Vic Chesnutt Alben (folglich auch *Little*, siehe 080.Spröder Charme) erschienen zuletzt als Wiederveröffentlichungen auf Blue Rose Records mit Bonus-Material. Unerwähnt blieb auch die hervorragende SACD Reissue-Serie mit Bob Dylan Werken (u.a. *Blonde On Blonde* hier im Buch 004.Thin Wild Mercury Music) sowie die SACD Versionen von John Hiatts *Bring The Family* (075.Erwachsen und aufrichtig) und *Shoot Out The Lights* (066.Angst-Gespenst) von Richard & Linda Thompson. The Wheels keep on turnin'. Also Augen auf. Stay tuned!

Der Autor, im Oktober 2004

Passend zum Thema einige empfehlenswerte Websites und Bücher:

www.glitterhouse.com, www.bluerose-records.com, www.blue-buffalo.com, www.allmusic.com

Karl Bruckmaier: SOUNDCHECK Die 101 wichtigsten Platten der Popgeschichte (Becksche Reihe)
Franz Dobler: Auf des toten Mannes Kiste „Get Country & Rhythm!“ (Edition Nautilus)
Roel Bentz van den Berg: Bowie, Springsteen und all die anderen (Edition Suhrkamp)
Robert Palmer: Rock & Roll Die Chronik einer Kulturrevolution (Hannibal)
Nick Hornby: 31 Songs (Kiepenheuer & Witsch)

Edition Noëma
Melchiorstr. 15
D-70439 Stuttgart

info@edition-noema.de

www.edition-noema.de
www.autorenbetreuung.de

Zeitfracht Medien GmbH
Ferdinand-Jühlke-Straße 7
99095 Erfurt, Deutschland
produktsicherheit@kolibri360.de